Journal de Voyage

d'Ernest MALLARD

(1857-1860)

Publié par G. MOURET

Extrait des *Mémoires de la Société des Sciences Naturelles
et Archéologiques de la Creuse* (Tome XXII)

GUÉRET

Imprimerie Betoulle, J. LECANTE Succ., 6, rue de la Mairie

1922

MÉMOIRES

Journal de Voyage
d'Ernest MALLARD
Ingénieur au Corps des Mines
(9 août 1857 - 31 août 1860)

INTRODUCTION

C'est en 1854 que le Conseil général du département de la Creuse a décidé l'exécution de la carte géologique du département, et c'est à Ernest Mallard, alors Ingénieur au Corps des Mines, en résidence à Guéret, que fut ultérieurement confié le soin de préparer ce travail.

Le nom de Mallard est grand dans la science. Né en 1833, il était entré à l'Ecole Polytechnique où il occupa un des premiers rangs, passa ensuite à l'Ecole nationale des Mines, et, à sa sortie, fut envoyé, en 1857, à Guéret où il remplit jusqu'en 1859 les fonctions d'ingénieur ordinaire. Ses qualités n'avaient pas tardé à se révéler. Nommé, en 1857, professeur à l'Ecole des Mines de St-Etienne, il y resta jusqu'à 1872 ; il fut alors appelé à Paris pour y remplacer Daubrée dans la chaire de minéralogie de l'Ecole nationale des Mines.

Jusqu'alors, en dehors de son enseignement à l'Ecole de St-Etienne, il ne s'était occupé que de la confection de la carte géologique de la Creuse et aussi de celle de la Haute-Vienne. Il dût, à Paris, abandonner, mais avec regret, la géologie qu'il avait cultivée avec passion, pour se consacrer à la minéralogie, et plus spécialement à la cristallographie, cette science créée par Haüy et par Bravais. Il y était bien préparé par ses fortes études mathématiques, et aussi, comme le fait remarquer judicieusement l'un de ses biographes, M. Termier,

1

par l'éducation scientifique que quinze années de géologie lui avaient
donnée. « Mallard ne faisait que continuer la tradition de Dufrénoy et
« de M. Daubrée lui-même. L'exemple de ces trois illustres savants
« montre que la fréquentation assidue et prolongée de la nature, la
« contemplation des larges espaces et des libres horizons, sont une
« admirable préparation, la meilleure peut-être, aux patientes
« recherches du laboratoire et aux longs labeurs de la pensée. Cette
« incomparable netteté d'esprit qui était la grande force de Mallard,
« cette vision quasi-intuitive et vraiment géniale qu'il avait acquise
« des lois mystérieuses, en apparence si compliquées, si simples au
« fond, du monde moléculaire, cette compréhension large et
« immédiate des plus difficiles problèmes, qui étonnait toujours ses
« contradicteurs, et qui lui permettait d'écarter d'un mot les
« objections vaines et les théories de hasard, toutes ces qualités de
« premier ordre, ne les devait-il pas, en grande partie du moins,
« aux longues promenades solitaires par les sentiers de la Haute-
« Vienne et de la Creuse, aux neuf étés, déjà passés, de vie simple et
« rude, de méditation constante, de silence presque absolu vis à vis
« des hommes, de conversation ininterrompue avec soi-même, avec
« le ciel immense et clair, avec la terre « maternelle et douce » ?
« Qui pourrait dire l'influence sur une âme généreuse, sur une
« intelligence d'élite, sur un esprit assoiffé de vérité, d'une aussi
« longue période de vie où la contemplation s'est mêlée si largement
« à l'action ? (1).

Le premier mémoire de cristallographie présenté par Mallard,
quatre ans après son arrivée à Paris, fut une révélation. Mallard se
livra surtout à l'étude des groupements cristallins et montra comment,
de cette étude, on peut tirer des vues sur la constitution intime de
la matière cristallisée. Haüy avait d'abord attiré l'attention sur la
question des formes extérieures qui, pour beaucoup, caractérisent
le cristal. Bravais alla plus loin, pénétra dans l'intimité du cristal,
et montra que ces formes dérivent de la symétrie de l'arrangement
moléculaire. L'œuvre de Mallard vint couronner celle de Bravais.
Il s'attaqua à la molécule elle-même et démontra qu'il existait là des
éléments de symétrie permettant de rendre compte des anomalies
optiques ; de l'étude des groupements cristallins il a aussi tiré cette
loi simple et fondamentale qu'il y a tendance dans la matière
inorganique à l'arrangement le plus symétrique possible, et cette

---

(1) P. Termier, *Éloge d'Ernest Mallard*, Bull. Soc. géol. de France (3)
XXIII, p. 179 (1895).

tendance est réalisée quand aucune force extérieure ou aucune liaison intérieure ne vient s'y opposer. Mallard tira encore de ses recherches cette conclusion capitale de la quasi-identité de l'arrangement moléculaire dans toutes les substances cristallisées. C'est d'ailleurs l'arrangement qui, ainsi que l'a fait remarquer M. Henri Le Châtelier, permet de placer dans un espace donné, le nombre maximum de molécules. Ce principe de tendance à la concentration uniforme de la matière vient s'ajouter et se fondre avec le principe de symétrie qui n'en est qu'une des faces.

C'est en dix ans que Mallard accomplit son œuvre géologique. Il ne lui fallut que douze ans de travail pour parvenir à ses grandes découvertes sur les théories des groupements pseudo-symétriques, de la polarisation rotatoire cristalline, des propriétés physiques des mélanges isomorphes, de l'isomorphisme et du polymorphisme. Et c'est en même temps que, comme ingénieur, il a, en dehors de son enseignement, procédé à d'importantes recherches sur les lampes de mine, sur les mélanges gazeux combustibles, sur les explosifs de sûreté, etc. Il avait beaucoup produit dans sa vie; il mourut subitement, relativement jeune (1894), d'un accident cardiaque.

Mallard était, avant tout, comme le sont souvent les hommes d'un esprit véritablement grand, un modeste. Il cachait sa science, il ne l'étalait pas; le « je » et le « moi » ces mots parfois si déplaisants à lire ou à entendre quand ils sont trop répétés lui étaient inconnus. Jamais, même dans l'intimité, il ne parlait de lui-même, jamais il ne parlait de ses propres travaux. Il ne s'inquiétait et ne parlait que de la science et de ses progrès. Cœur droit et âme pure, comme le qualifie M. Termier, il ne mit d'ardeur que dans l'expression de ses convictions scientifiques. Il ne chercha pas les honneurs; ce furent les honneurs qui vinrent le trouver. Il devint Inspecteur général au Corps des Mines, Officier de la Légion d'Honneur, membre de l'Institut, mais tout cela n'ajoutait rien à ses mérites; toutes ces dignités n'équivalaient pas à la plus petite parcelle de son œuvre, mais elles honoraient ceux qui avaient su reconnaître ses hautes qualités. Solitaire, sa réputation ne s'étendit que dans un cercle relativement restreint, mais il eut plus que la réputation: il eut la gloire qui en est la survivance.

Et pour terminer cette revue d'une vie consacrée toute entière à la recherche de la vérité, nous ne saurions mieux faire que de citer les dernières paroles prononcées à son sujet devant la Société géologique de France par son élève et ami, M. Pierre Termier qui a, avec lui, des affinités de plus d'un genre: « de tels hommes, dit M. Termier,

« honorent infiniment la nature humaine. Mallard a laissé à tous
« ceux qui l'ont connu, mais tout particulièrement à ses élèves,
« mieux qu'un enseignement cristallographique d'une précision
« achevée et d'une irréprochable rigueur : une haute leçon de
« modestie et de désintéressement. Sa mémoire ne périra pas à
« l'Ecole des Mines : il est un de ces défunts dont parle l'Ecriture
« et de qui la voix ne cesse pas de se faire entendre. Ses confrères
« en géologie conserveront aussi son souvenir, et s'applaudiront
« d'avoir inscrit son nom sur leur Livre d'Or, parmi cette pléiade de
« savants illustres qui ont présidé aux destinées de la Société
« géologique de France ».

*
**

Les explorations géologiques que Mallard entreprit dans la
Creuse, commencées en 1857, ne se terminèrent qu'en 1865. En 1866,
la carte géologique, à l'échelle de 1/80.000, dressée d'après les
résultats de ces explorations minutieuses, était prête pour
l'impression. Sa minute a figuré à l'Exposition Universelle de 1867
et elle a été utilisée pour la carte géologique de la France, au
1/500.000, de Carez et Vasseur.

Cependant cette carte ne fut pas publiée. Le Conseil général qui
en avait décidé l'exécution, se refusa à fournir les fonds nécessaires
pour l'impression. M. Parot a rendu compte, dans ces Mémoires
mêmes (1), des circonstances qui ont ainsi privé le public éclairé de
prendre connaissance d'une œuvre à la préparation de laquelle le
jeune ingénieur des Mines, que sa destinée avait appelé à résider
dans la région, avait consacré, sans aucun bénéfice personnel, tant
de temps et tant d'efforts. La carte reste aujourd'hui enfouie dans
des cartons poudreux, et l'on ne saurait plus songer à sa publication,
maintenant que le service de la Carte géologique de la France a fait
paraître les six feuilles géologiques au 1/80.000 (Aigurande,
Montluçon, Guéret, Aubusson, Limoges et Ussel) sur lesquelles
s'étend le département de la Creuse. Ces feuilles, sauf celles de
Limoges, sont dues à M. de Launay, Inspecteur général au Corps
des Mines.

Mais il n'existe d'autre description géologique du département
de la Creuse que celle due à Pierre de Cessac. Ce travail méritoire

---

(1) E. Parot. *Une carte géologique inédite du département de la Creuse,*
Mémoires de la Soc. des sciences natur. et archéol. de la Creuse, t. XXI,
p. 245-248.

d'un pionnier à qui doit être rendu un légitime hommage ne répond plus aux exigences scientifiques. La description de Mallard, telle qu'on pourrait la tirer de son Journal de Voyage, serait encore vivante. Rien de ce qu'il a écrit n'a été encore démenti par les progrès que la géologie a accomplis depuis le temps, où, jeune ingénieur à peine sorti de l'École des Mines, il arpentait, le marteau à la main, les monts et les vallées de la Creuse. Il reste à compléter, il n'y a que peu à modifier, et les modifications ne sauraient consister qu'en précisions sur les contours.

On doit à la mémoire de Mallard de publier les résultats de ses recherches ; on lui doit aussi de les publier sous la forme même où il les a livrés, plutôt que d'interpréter son œuvre, sans la faire connaître dans tous ses détails. Ces détails ont tous leur intérêt ; ils seront consultés avec fruit par tous ceux qui, dans le département, s'intéressent aux richesses naturelles du sol, à la culture et aux industries minérales ; ils seront aussi consultés par les géologues désireux de bien connaître la géologie de la région ou même de résoudre, si faire se peut, les énigmes géologiques qu'elle pose.

Il faut donc être reconnaissant à la Société des sciences naturelles et archéologiques de la Creuse d'avoir bien voulu se charger de la publication, dans ses *Mémoires*, du journal manuscrit que Mallard a remis à la préfecture du département pour rendre compte annuellement au Conseil général de l'état d'avancement du travail qui lui était confié.

Ce journal n'est d'ailleurs pas complet. Il ne se compose en effet que des fascicules suivants :

1° — 9 février 1858,
2° — 11 février 1859,
3° — 31 décembre 1959,
4° — 15 juin 1861,

plus une petite carte géologique du nord du département et un résumé des observations de 1857.

La préfecture ne possède pas le journal des explorations faites de 1860 à 1866 (1).

Mallard a, en outre, présenté au Congrès (Congrès archéologique

---

(1) M. Bourzat a en main une réduction au 1/160.000 de la carte géologique de Mallard, réduction qui aurait été faite par l'abbé Rougerie et présentée aux *Assises scientifiques* tenues à Guéret en 1865. Copie de la carte minute au 1/80.000 (moins la feuille d'Ussel) existe aux archives du Service de la Carte géologique de France.

et Assises scientifiques) qui s'est tenu dans la Creuse en 1865, deux mémoires, l'un relatif à « l'explication d'une carte orographique de la région N.-O. du Plateau de la France Centrale » dressée par lui, l'autre « relatif à la géologie de la Creuse pour servir d'explication à la carte géologique de ce département ».

Il ne reste de ces deux mémoires qu'une analyse qui en a été donnée par Pierre de Cessac [*Compte-rendu du Congrès* (1866), p. 75 à 82].

Les démarches faites auprès de la famille de Mallard, après sa mort, pour obtenir communication des papiers scientifiques qu'il a laissés n'ont malheureusement pas abouti.

Pour l'intelligence du texte de Mallard, il est utile d'esquisser la physionomie générale du département au point de vue géologique, telle qu'elle ressort de l'examen de la carte et de la légende de Mallard.

Il convient d'abord d'exposer que l'œuvre entreprise par celui-ci était sinon ingrate, du moins difficile, même en se bornant, comme il a dû le faire, à la description pétrographique des terrains presque tous cristallins, et au relevé de leurs contours, sans aborder les questions presque insolubles des origines et des rapports exacts que les terrains présentent entre eux, tant au point de vue de leur mode de formation qu'à celui de leur âge.

On ne pouvait à l'époque, étudier les roches qu'à l'œil nu, ou au moyen, pénible et coûteux, de l'analyse chimique; on n'avait pas alors l'aide du microscope polarisant qui permet de distinguer tous les détails de la structure intime des roches, et de déterminer, d'une manière à la fois sûre et précise, la nature des différents minéraux qui les composent.

Ce que l'on connaissait de la géologie du pays était alors peu de chose. On savait seulement distinguer assez vaguement les granites, des gneiss et des micaschistes, mais l'on n'avait que des connaissances tout à fait locales et très restreintes sur la répartition de ces terrains. On était alors dans cet état d'un lecteur qui ne connaîtrait d'un livre que quelques lignes éparses dans quelques pages.

Aucune étude vraiment sérieuse, à part celle de Grüner sur le département de la Loire, n'avait encore été faite d'une région pour ainsi dire entièrement cristalline.

Mallard a donc abordé, en 1857, un terrain neuf, et il y a apporté l'ordre et la lumière.

Là où Pierre de Cessac ne voyait, sans connaître leur répartition, que deux types de granites, Mallard a défini avec précision cinq types. Il ne s'est pas attaché à les différencier d'après leur origine ; il estimait, sans doute, que les données étaient insuffisantes même pour bâtir des hypothèses auxquelles s'abandonnent des géologues moins avertis. Ses distinctions sont tirées de la composition minéralogique, de la texture et de la structure de la roche.

Il a nettement séparé, ce que n'avaient pu faire Dufrénoy et Elie de Beaumont, les schistes cristallins des granites. Il a distingué, en outre, une roche très polymorphe, qui n'est ni un schiste cristallin ni un granite, qui unit les deux caractères de ces deux roches, et que, dans la légende de la carte, il désigne sous le nom de *roche granitoïde métamorphique* (M). A notre connaissance, cette roche n'a encore été signalée que dans la partie occidentale du Plateau Central, et s'étend de la Gartempe, près du Dorat (Haute-Vienne), jusqu'à la Haute-Dordogne, près de Port-Dieu (Corrèze).

Il a aussi distingué plusieurs sortes de porphyres et signalé l'existence de roches basiques qu'il a appelées *diorites*, mais qu'aujourd'hui on considère comme des *amphibolites* plus ou moins modifiées. Enfin, malgré l'étendue de la région qu'il avait à étudier, il n'a pas sacrifié l'intérêt utilitaire à l'intérêt scientifique, et réunissant la conscience de l'ingénieur et celle du savant, il a porté tous ses efforts sur la détermination des tracés aussi exacts que possible des contours des différents terrains. Parfois l'exactitude des détails qu'il a relevés est étonnante. Partout où il a pu passer; il n'y a rien à modifier à son travail.

En définitive, d'après l'étude de Mallard, l'ossature du département est constituée par les granites, et principalement par le granite commun à mica noir, dit *granite de Vire* ou de *Guéret.*

Prenons, comme repère de la description, une longue chaîne de granite à mica blanc, qui, dans la partie septentrionale du département, s'étend de Saint-Agnan à l'ouest, vers Montluçon.

Au nord de cette chaîne, le terrain se compose de *schistes primitifs*, c. a. d. de micaschistes, percés, dans la région de Crozant, par un vaste massif de granite à mica blanc.

Au sud, c'est le grand massif granitique de Guéret qui occupe la plus grande partie du département. Il s'étend de l'est à l'ouest sur une largeur moyenne d'environ trente kilomètres et il se prolonge vers le sud-est jusqu'à la limite de la Corrèze, dans la vallée de la Meuzette.

Un autre trait de l'ossature est le prolongement, dans la Creuse, jusque vers Pontarion, du massif granitique de Millevaches, constitué dans sa partie centrale par un granite porphyroïde à mica noir, et sur ses bords par le granite à mica blanc.

En dehors de ces massifs granitiques, s'étendent les schistes cristallins, micaschistes et gneiss, au nord dans la région d'Evaux, au sud-ouest, dans la partie occidentale de l'arrondissement de Bourganeuf. Au milieu de ces derniers terrains surgissent les granites à mica blanc du Puy de Saint-Goussaud, rattachés, à Saint-Sulpice-Laurière, aux granites analogues de la Haute-Vienne. Ceux-ci, qui se prolongent au nord vers Saint-Sulpice-les-Feuilles, viennent refendre, dans la région de La Souterraine, le grand massif granitique de Guéret, qui ne reparaît plus à l'ouest qu'à l'état sporadique (granite du Dorat).

L'un des principaux traits de la géologie de la Creuse est l'extension des terrains granitoïdes métamorphiques (M). Ceux-ci, dans le sud, contournent la partie méridionale (Bellegarde, Crocq) du grand massif de granite à mica noir de la Creuse. A l'ouest, ils séparent cette partie du massif de Millevaches, et, associés à des micaschistes, ils se prolongent dans la direction de Pontarion.

Ce terrain granitoïde reparaît, en plein massif granitique, au sud-ouest de Guéret, puis au sud de La Souterraine où il vient buter, comme le granite de Guéret, contre le massif de granite à mica blanc de la Haute-Vienne. Il reparaît ensuite à Magnac-Laval, et nous avons constaté qu'il s'observe encore au-delà du Dorat.

Cette disposition générale que révèle la carte de Mallard n'apparaît pas nettement sur la carte générale de France au millionième. Elle répond cependant à la véritable constitution géologique de la région. Les recherches de Mallard conservent donc encore leur actualité, et cette observation s'applique aussi à celles qui ont porté sur le département de la Haute-Vienne.

Les « diorites », c. a. d. les amphibolites, ne sont ni fréquentes ni étendues. Mallard les a observées au nord de la chaîne septentrionale de granite à mica blanc, comme au milieu d'un grand massif de granite à mica noir, près de Sauviat, qui perce les gneiss.

Mallard a aussi observé des terrains sédimentaires. Les uns appartiennent à l'époque de « transition » ; ils affleurent en prolongement du bassin houiller d'Ahun, et entre Ladapeyre et la région d'Evaux.

D'autres sont de l'époque houillère ; ils sont bien connus depuis les travaux de Grüner ; ce sont les formations d'Ahun, de Saint-Michel-de-Veisse, de Bosmoreau et de Bourganeuf.

Enfin les terrains tertiaires s'étendent dans la région de Gouzon, à l'emplacement d'une dépression creusée dans le granite de Guéret.

Nous rappellerons, en terminant, qu'en sa qualité d'ingénieur des Mines, Mallard ne pouvait négliger les filons métallifères. C'est à lui qu'on doit la connaissance des exploitations préhistoriques et la découverte ou redécouverte des gisements d'étain, notamment de celui de Montebras, près Layaufranche.

Pour faciliter l'intelligence du texte du Journal de Mallard, nous croyons devoir le faire précéder de la légende de la carte, légende préparée par Mallard.

G. MOURET,
Inspecteur général honoraire des Ponts-et-chaussées.

LÉGENDE

de la Carte géologique de Mallard [1]

ROCHES SÉDIMENTAIRES PRIMITIVES

SCHISTES PRIMITIFS

Eléments essentiels. — Mica noir formant des surfaces continues. Quartz hyalin en lentilles, Pyrites, Feldspath peu abondant.

Eléments accessoires. — Grenat, Pyrites, Graphite, Amphibole.

Texture. — Très schisteuse.

Structure en grand. — Direction des feuillets schisteux

---

(1) Nous donnons cette *Légende* d'après la copie appartenant au Syndicat agricole de la Creuse faite par M. Bourotte, inspecteur des Eaux et forêts à Guéret, qui l'avait offerte au Syndicat. Nous remercions M. Bourzat de nous l'avoir obligeamment communiquée.

ordinairement parallèle aux limites des masses granitiques voisines.

Emploi utile de la roche. — Nul.

Nature agronomique du terrain. — Argile mêlée de fragments quartzeux provenant de la décomposition de la roche. Sol particulièrement apte à recevoir les amendements calcaires.

Observations. — Terrain traversé par toutes les éruptions granitiques.

TERRAINS GRANITOÏDES MÉTAMORPHIQUES

Éléments essentiels. — Mica noir ou gris, généralement abondant, fort irrégulièrement distribué, orienté ou non. Quartz hyalin abondant. Feldspath en petits grains, généralement décomposé.

Éléments accessoires. — Pinite, Chlorite verte, Mispickel.

Texture. — Généralement grenue à grains fins. Schistosité à peine accusée, souvent nulle. Offre au milieu de la masse grisâtre des parties plus sombres formées de quartz, mica et pinite.

Structure en grand. — Présente assez souvent des indices de stratification. Donne, par décomposition, des fragments irréguliers, arrondis, épars au milieu d'un terrain argilo-sableux rougeâtre.

Emploi utile de la roche. — Nul.

Nature agronomique du terrain. — Terrain argilo-sableux très maigre, souvent couvert de bruyères.

Observations. — Les roches qui composent ce terrain paraissent être soit des schistes, soit des roches sédimentaires ordinairement grenues, modifiées par les diverses éruptions granitiques qui se sont succédées et particulièrement par celle du granite pinitifère à mica noir.

GNEISS

Éléments essentiels. — Mica noir généralement abondant, Quartz hyalin, Feldspath des deux systèmes cristallins, hyalin.

Éléments accessoires. — Grenats rares.

Texture. — Schisteuse, nettement accusée par l'orientation des éléments. Ne se lève pas en feuillets comme les schistes primitifs.

Structure en grand. — Forme des bancs épais.

Emploi utile de la roche. — A peu près nul. Donne parfois des dalles grossières.

Nature agronomique du terrain. — Généralement maigre, il ne diffère pas sensiblement de celui du granite pinitifère à mica noir.

Observations. — Souvent pénétré par la granulite et difficile à en séparer.

ROCHES ERUPTIVES

ROCHES ÉRUPTIVES SILICEUSES

FAMILLE DU GRANITE

GRANULITE (1)

Eléments essentiels. — Feldspaths des 5e et 6e systèmes, en grains. Quartz souvent jaunâtre, en grains ou en petites lamelles orientées. Mica noir très peu abondant, en lamelles isolées, couchées suivant un même plan.

Eléments accessoires. — Fer oxydulé en octaèdres, assez fréquent. Amphibole très abondante dans certaines variétés qui passent à la diorite.

Texture. — Grenue à très petits grains. Schistosité variable, se lève quelquefois en feuillets extrêmement minces.

Structure en grand. - Forme des bancs épais parallèles imitant la stratification. Filons souvent à arêtes saillantes.

Emploi utile de la roche. — Comme le précédent.

Nature agronomique du terrain. — Terrain maigre, argilo-

---

(1) Désigne ici une sorte de gneiss se rencontrant dans le nord du département (La Celle-Dunoise, etc.). Le mot granulite actuellement est plutôt appliqué, en France, à des sortes de granites a mica blanc. [G. M.]

sableux, plus léger que le précédent. Devient plus argileux et plus fertile sur les points où l'amphibole se trouve avec quelque abondance.

Observations. — Il pénètre intimement les schistes primitifs, y forme des filons très nets et en empâte souvent de nombreux fragments. Son origine éruptive paraît donc certaine. Il est, du reste, traversé par toutes les autres variétés granitiques.

GNEISSITE

Eléments essentiels. — Orthose, Quartz, Micas blanc et noir en lamelles généralement larges. Chlorite verdâtre.

Eléments accessoires. — Nuls.

Texture. — Feldspaths et quartz grenus, ordinairement à gros grains. Lamelles micacées peu abondantes, orientées.

Structure en grand. — En masses grossièrement schistoïdes. Forme, comme la plupart des variétés granitiques, des montagnes arrondies.

Emploi utile de la roche. — Nul.

Nature agronomique du terrain. — Sol maigre, arénacé, à gros grains, difficilement amendable.

Observations. — Se rapproche du granit gneissique dont il diffère par une schistosité plus accusée par la présence du chlorite, le plus de largeur et l'abondance moins grande des lamelles micacées. Forme des filons au milieu de schistes de granulites.

GRANITE GNEISSIQUE (1)

Eléments essentiels. — Orthose généralement sans éclat, ayant subi un commencement de décomposition. Quartz hyalin. Mica noir. Mica blanc généralement abondant, entourant souvent le mica noir.

Eléments accessoires. — Nuls.

Texture. — Nettement granitoïde, à grains moyens, un peu schistoïde, jamais porphyroïde.

---

(1) Se rattache, en grande partie, à la granulite, au sens actuel du mot [G. M.].

Structure en grand. — En masses séparées par des plans, de joints parallèles. Décomposition en blocs irréguliers non arrondis.

Emploi utile de la roche. — Matèriaux de construction d'un mauvais emploi.

Nature agronomique du terrain. — Sol maigre, arénacé, intermédiaire comme fertilité entre le gneissite et le granite à mica noir. Plus siliceux que celui de cette dernière variété granitique.

Observations. — Traverse les schistes primitifs et la granulite. Se distingue du granite à mica noir par la texture un peu schistoïde, par l'absence du feldspath du 6ᵉ système, par la présence du mica blanc, ainsi que par une plus grande teneur en silice.

GRANITE PINITIFÈRE A MICA NOIR

Eléments essentiels. — Orthose, mâclé, hyalin, soit à petits, soit à très grands cristaux, Feldspath du 6ᵉ système, un peu verdâtre. Quartz hyalin, Mica noir.

Eléments accessoires. — Pinites. Grenats. Tourmalines en petites masses aciculaires. Micas blanc et rose.

Texture. — Très nettement granitoïde, généralement à grains moyens, rarement à gros grains. Très souvent porphyroïde.

Structure en grand. — En masses très considérables, rarement en filons (Vallière). Forme des montagnes arrondies. Décomposition souvent par couches sphéroïdes concentriques (Guéret).

Emploi utile de la roche. — Matèriaux de construction très bons, mais difficiles à tailler.

Nature agronomique du terrain. — Sol maigre, arénacé, moins siliceux que le précédent et moins pauvre en calcaire, ce qui tient à la présence de feldspath oligoclase.

Observations. — Forme la plus grande partie du sol de la Creuse ainsi que du Plateau Central de la France. Passe quelquefois (environs de Gentioux, Faux, Royère) à des variétés très peu micacées, riches en grenats et en pinites. Le même phénomène a lieu au Puy en Velay.

GRANITE A MICA BLANC [1]

Eléments essentiels. — Orthose blanc ou rose non hyalin. Quartz. Mica blanc très souvent prédominant. Mica noir à reflets rougeâtres.

Eléments accessoires. — Tourmaline noire en cristaux cylindroïdes disséminés assez abondamment dans certaines variétés (Toulx-Ste-Croix).

Texture. — Variant depuis la texture à grains fins (Toulx) jusqu'à la texture à gros grains (Pierres Jomâtres), devient quelquefois porphyroïde (Montebras).

Structure en grand. — En masses formant des montagnes assez élevées. Se décompose en fragments grossièrement parallélipipédiques.

Emploi utile de la roche. — Liée aux gisements stannifères. Ne présente que rarement assez de dureté pour donner de bonnes pierres de taille.

Nature agronomique du terrain. — Sol très maigre, très arénacé. Ne se distingue guère, au point de vue agronomique, du granite gneissique.

Observations. — Forme des montagnes relativement élevées. Accompagne les gisements stannifères de Montebras, de même que ceux de Vaulry (Haute-Vienne).

GRANITE A DEUX MICAS, A GRAINS FINS [2]

Eléments essentiels. — Orthose blanc. Quartz hyalin. Mica noir. Mica blanc en lamelles isolées ordinairement rhombiques.

Eléments accessoires. — Nuls.

Texture. — A grains fins, jamais à gros grains. Les cristaux d'orthose s'allongent quelquefois de manière à donner à la roche un aspect porphyroïde (Royère).

Structure en grand. — Forme de très puissants filons qui s'accusent, à la surface, par des chaînons élevés couverts de fragments parallélipipédiques.

---

(1) Souvent appelé actuellement en France, granulite. [G. M.].
(2) Se rattache aussi à la granulite, au sens actuel du mot. [G. M.]

Emploi utile de la roche. — Très employé pour la construction à cause de son grain fin et de sa facilité à être taillé.

Nature agronomique du terrain. — Sol maigre et arénacé. Moins siliceux que le granite à mica blanc.

Observations. — Constitue de véritables filons qui coupent toutes les roches granitiques précédentes.

FAMILLE DU PORPHYRE

PORPHYRE GRANITOÏDE

Eléments essentiels. — Feldspath du 6° système. Quartz souvent abondant, quelquefois peu abondant. Mica noir abondant.

Eléments accessoires. — Pinite assez rare.

Texture. — Pâte à peine visible. Texture se rapprochant de la texture granitoïde, quoique plus compacte.

Structure en grand. — En filons et en amas. Décomposition assez fréquente.

Emploi utile de la roche. — Nul.

Nature agronomique du terrain. — Terrain plus argileux que celui qui provient des diverses variétés granitiques.

Observations. — Traverse les calcaires carbonifères (St-Julien-la-Genête).

PORPHYRE QUARTZIFÈRE

Eléments essentiels. — Orthose à grands cristaux. Quartz cristallisé. Mica généralement absent.

Eléments accessoires. — Pinite très fréquente.

Texture. — Pâte abondante. Texture nettement porphyrique.

Structure en grand. — En filons souvent d'une grande longueur.

Emploi utile de la roche. — Sert à l'empierrement des routes.

Nature agronomique du terrain. — Terrain argilo-siliceux, très maigre et très pauvre en calcaire.

Observations. — Bouleverse les grès anthracifères des environs de St-Julien-la-Genête. Forme de longs chaînons saillants.

EURITE QUARTZIFÈRE

Eléments essentiels. — Feldspath très peu cristallin. Quartz en petits cristaux ou en veines irrégulières.

Eléments accessoires. — Pyrite. (Environs de St-Sulpice-le-Guérétois).

Texture. — Pâte très développée. Roche souvent presque compacte à éléments tout à fait indistincts.

Structure en grand. — En amas et en filons.

Emploi utile de la roche. — Nul.

Nature agronomique du terrain. — Trop peu développé pour influer sur la nature du sol agronomique.

Observations. — Forme des montagnes arrondies ou des filons saillants. Bouleverse les terrains houillers de Bouzogles et de Mazuras.

PORPHYRE TRACHYTOÏDE

Eléments essentiels. — Orthose vitreux et fendillé. Quartz cristallisé. Mica noir foncé en lamelles irrégulières hexagonales ; disparaît quelquefois.

Eléments accessoires. — Nuls.

Texture. — Pâte très développée. Texture presque toujours bréchiforme, passe même à de véritables brèches (Environs de Crocq).

Structure en grand. — Structure souvent colonnaire. Forme des filons saillants, ou recouvre les sommets de montagnes arrondies.

Emploi utile de la roche. — Nul.

Nature agronomique du terrain. — Comme ci-dessus.

Observations. — Probablement contemporain des terrains permiens (grès rouge des Vosges). Tient enveloppés des fragments des porphyres précédents.

ROCHES ÉRUPTIVES BASIQUES

ROCHES AMPHIBOLIQUES

DIORITE

Eléments essentiels. — Hornblende. Feldspath du 6ᵉ système.

Eléments accessoires. — Pyrite. Epidote. Quartz.

Texture. — Souvent granitoïde. Présente toutes les transitions à l'amphibole schisteuse.

Structure en grand. — Décomposition très facile et éminemment globulaire.

Emploi utile de la roche. — Nul.

Nature agronomique du terrain. — Terrain argileux, profond, beaucoup plus calcaire que tous les précédents et convenant très bien à la culture du froment.

Observations. — Traversé par de très nombreux filons de pegmatite à grains fins. Traverse les schistes, la granulite et la gneissite. Paraît surtout en relation avec les granulites auxquels il passe.

ROCHES MAGNÉSIENNES

SERPENTINE

Eléments essentiels. — Feldspath du 6° système. Fer oxydulé.

Eléments accessoires. — Serpentine. Diallage.

Texture. — Texture éminemment variable, tantôt schisteuse, tantôt presque compacte.

Structure en grand. — La décomposition donne des blocs irréguliers bruns et comme vermiculés à la surface.

Emploi utile de la roche. — Nul.

Nature agronomique du terrain. — Trop peu développé pour influer sur la nature agronomique du sol.

Observations. — Très développée dans la Haute-Vienne, la serpentine n'apparaît dans la Creuse que près de Bord (environs de Boussac) et sur un point indéterminé près de La Souterraine.

ROCHES PYROXÉNIQUES

MÉLAPHYRE

Eléments essentiels. — Pâte vert sombre avec quelques cristaux, généralement peu nets, de pyroxène.

Eléments accessoires. — Carbonates de chaux et de fer.

Texture. — Texture compacte, tantôt terreuse, tantôt presque vitreuse, souvent amygdaloïde.

Structure en grand. — Interstratifié dans le bassin houiller d'Ahun. Forme quelques filons au milieu des granites.

Emploi utile de la roche. — Matériaux d'empierrement pour routes.

Nature agronomique du terrain. — Comme dessus.

Observations. — Le mur de la nappe d'Ahun est formé par une argile blanche qui passe par des transitions insensibles à la roche verte.

ROCHES GEYSÉRIENNES

FILONS DE QUARTZ

Eléments essentiels. — Quartz blanc, quelquefois rose.

Eléments accessoires. — Nuls.

Texture. — Texture ordinairement saccharoïde ; quelquefois cristalline et géodique.

Structure en grand. — Filons à arêtes saillantes.

Emploi utile de la roche. — Comme dessus.

Nature agronomique du terrain. — Idem.

Observations. — Une grande partie des filons quartzeux sont orientés N. O. Les filons de quartz passent, le long de leurs épontes, à une roche verdâtre. Les flancs de montagnes formés par ces filons sont toujours couverts d'une argile grise improductive.

TERRAINS SÉDIMENTAIRES

TERRAINS DE TRANSITION

Ce terrain comprend, comme dans la Loire, deux étages distincts : 1° celui du calcaire carbonifère représenté par des schistes verdâtres et siliceux ainsi que par un lambeau de calcaire qui se trouve sur les bords du Chacrot, non loin de St-Julien-la-Genête ; 2° l'étage du grès anthracifère du *millstone grit* représenté par des conglomérats, des brèches et des grès porphyroïdes, renfermant quelques débris de plantes fossiles et quelques lambeaux de combustible impur absolument sans importance. Ces deux étages sont, dans la Creuse, trop intimement mêlés pour qu'on ait pu les séparer sur la carte. Les lambeaux de ces terrains qui se trouvent sur les bords de la Creuse, entre Glénic et Cressat, sont tellement pénétrés par le porphyre granitoïde qu'ils ne peuvent en être distingués. Ces terrains ne renferment ici aucune matière utile en quantité assez considérable pour qu'on puisse en tirer parti.

TERRAIN HOUILLER

Ce terrain forme, outre les bassins d'Ahun et de Bosmoreau, quelques lambeaux sans importance. Le sol arable qui recouvre le terrain houiller est très argileux et très susceptible d'être amélioré par les amendements calcaires.

TERRAIN TERTIAIRE

Le terrain tertiaire recouvre la plaine de Gouzon et forme, en outre, quelques lambeaux dans le nord du département. Le bassin de Gouzon se compose de deux étages ; le supérieur est formé d'argile avec cailloux roulés ; l'inférieur, aussi argileux, contient quelques amas de calcaire et de gypse sans importance. Les lambeaux qui entourent le massif des Pierres Jômatres et couronnent quelques plateaux, sont formés par un grès siliceux à ciment argileux employé pour la construction et qui peut être l'équivalent de l'assise caillouteuse supérieure de Gouzon. L'âge exact des terrains tertiaires de Gouzon est mal fixé. Il faut, peut-être, rapporter l'étage calcaire gypseux de Gouzon à l'âge du calcaire d'Etampes et l'étage gris caillouteux à l'âge des calcaires de la Touraine. La nature argileuse du terrain tertiaire le rend, lorsqu'il a été préalablement assaini, très propre à bénéficier des amendements calcaires.

TERRAIN ACTUEL

Les alluvions de vallées étant généralement peu développées, on n'a jugé digne d'être indiqués sur la carte, parmi les terrains qui se forment sous nos yeux, que les plus importants des dépôts tourbeux du sud du département ; ces dépôts, qui remplissent des vallées d'une altitude de 700ᵐ au moins, ne sont pas fort épais. Ils donnent de la tourbe de mauvaise qualité, qui n'est utilisée que pour le chauffage domestique. Presque toutes les vallées du département sont tourbeuses, mais la tourbe y est en trop faible quantité pour être exploitée. Ces terrains, assainis par un drainage, donnent de fort belles prairies.

Gisements d'étain

Le gisement de Montebras a été exploité durant plusieurs années avec quelques succès. Il paraît, comme celui de Vaulry, intimement lié au granite à mica blanc.

Gisements d'antimoine

Les gisements d'antimoine situés près de Ladapeyre ne paraissent avoir aucune importance sérieuse. Un autre gisement mal déterminé se trouve près de St-Dizier-les-Domaines.

Gisements de plomb sulfuré

Le gisement de plomb sulfuré de Mornat est abandonné depuis longtemps et ne paraît pas mériter d'être repris.

Wolfram

On rencontre d'abondants fragments de wolfram épars sur les flancs de la montagne du signal de Bonnefonds, entre Janaillat et Combeauvert. On n'a pas trouvé d'étain oxydé associé au wolfram.

Excavations anciennes

D'anciennes excavations, ouvertes à une époque anté-historique, se rencontrent sur plusieurs points du département : (Millemillanges dans la commune de St-Goussaud, etc.).

JOURNAL

des Tournées faites pendant l'année 1857

par l'Ingénieur des Mines

pour servir à l'exécution de la Carte géologique

de la Creuse

—

Le 9 août. — *[Du Brolet (limite de l'Indre) à Châtelus-Malvaleix par Genouillat et Les Boissières].*

Parti du Brolet et suivi la route de La Châtre à Guéret jusqu'à Genouillat. Le pays, très plat, est recouvert par une alluvion jaunâtre très siliceuse contenant des fragments de quartz blanc très peu roulés. Au-dessous de cette alluvion d'épaisseur très variable, on observe en certains endroits un schiste verdâtre très décomposé, contenant des filons de quartz blanc.

Non loin du hameau de Bois-la-Grange, le schiste devient très siliceux et grenu à grains fins, tout en conservant une structure schisteuse très développée ; sa direction, comme celle des schistes de nature différente au milieu desquels il est intercalé, est Est un peu Nord avec plongée au Nord ; ce schiste est en relation avec des veines d'argile noirâtre ayant la même direction.

Le terrain de micaschiste, recouvert d'une argile siliceuse provenant de sa décomposition, dure jusqu'au ruisseau de Godard ; sur la rive gauche de ce ruisseau, on trouve les micaschistes très contournés et non décomposés ; leur direction est toujours E. O. environ avec une plongée au Nord.

Un peu après Montfargeaud, on observe sur le côté gauche de la route plusieurs filons dans les schistes remplis par des blocs polis et anguleux, recouverts d'un enduit argileux, luisant et noirâtre. La salbande des filons est formée par une argile noirâtre qui se trouve aussi en veinules dans la masse. Un de ces filons est surtout remarquable par sa puissance et sa forme en coin dont le biseau est tourné vers le haut ; la direction de ces filons est, comme celle des schistes, E. 10° N.

De Genouillat, on se dirige sur les Boissières en suivant [remontant] la Petite Creuse dont la vallée est très large en cet endroit et recouverte par des alluvions. La vallée se resserre brusquement dès qu'on a passé le ruisseau de Boissières et sur le chemin [au S. S. E.] de ce village à Puy-Maury, chemin profondément encaissé dans les schistes, on retrouve les schistes grenus et siliceux de Bois-La-Grange en relation, là aussi, avec des filets argileux et graphiteux ; la direction varie entre E. 10° N. et O. 10° N.

A droite du chemin à mi-côte, on a fait des recherches pour la houille sur les filets noirâtres dont nous venons de parler. Le puits très large est comblé par les eaux ; on observe, sur les parois visibles, de nombreuses veines noirâtres ; ces veines enveloppent une roche argileuse d'un vert clair, souvent très dure.

Sur le bord de la Petite Creuse, à gauche du chemin, on observe des roches vert-bouteille feldspathiques et compactes, qui paraissent appartenir à un terrain de transition et dont la direction paraît être N. 50° E., comme celle de la rivière à cet endroit.

Des Boissières, on remonte le ruisseau en se dirigeant vers Châtelus. Un peu avant La Côte, on trouve un gneiss composé de feldspath rose et de quartz en bandes distinctes, presque sans mica ; sa direction est E. O. A partir de La Côte, les champs, couverts d'une argile rougeâtre très grasse, sont parsemés de très gros blocs d'amphibolite ; cette amphibolite a souvent l'apparence d'une syénite contenant de gros cristaux de feldspath et d'amphibole. On retrouve les gneiss tout près de Châtelus.

Le 10 août. — [*De Châtelus-Malvaleix à Guéret*].

On repart de Châtelus en suivant la route de Genouillat jusqu'à l'embranchement avec celle de La Châtre à Guéret. De Châtelus à Soumeranges, on ne trouve que le gneiss alternant avec l'amphibolite.

Entre Soumeranges et le deuxième ruisseau, on trouve l'amphibolite très décomposée, en contact avec la pegmatite également décomposée et passant au kaolin.

Du ruisseau au pont du Gat, on ne trouve qu'un terrain d'alluvion. Au pont du Gat, on retrouve le micaschiste décomposé auquel succède l'amphibolite. A l'amphibolite succède un gneiss à mica verdâtre, puis une roche gneissique analogue à celle de Châtelus. Ce dernier gneiss passe insensiblement à la structure granitique, et aux Boueix, on trouve un véritable granite à deux micas, l'un argentin, l'autre bronzé. Ce granit est à gros grains et à grands cristaux de feldspath.

On retrouve le granite bleu, ne contenant plus qu'une seule espèce de mica, le mica noir, au-dessus de Glénic et la même roche dure jusqu'à Guéret.

Le 12 août. — [*D'Ahun à Jarnages, par le moulin de Las Brouas*].

Parti de Guéret pour Ahun par la voiture publique. On suit la continuation du terrain houiller, du Moutier à Chantemille ; on constate que la butte granitique figurée par M. Grüner, sur le bord de la Creuse, et perçant le terrain houiller, n'est qu'une apparence donnée par des roches qui ne sont pas en place. Cette rectification semble conduire à la rectification de la limite N. E. du terrain houiller ; les faits observés semblent faire conclure à la prolongation de ce terrain sous les alluvions jusqu'au moulin de Las Brouas.

Sur la rive droite de la Creuse, un peu au-dessous de l'embouchure du ruisseau de Villemerle, on trouve dans le granite bleu, une faille dont la direction est N. 40° O. comme celle de la vallée ; cette faille est remplie par des schistes d'un bleu verdâtre, accompagnés d'argile noirâtre et qui paraissent appartenir au terrain de transition.

La présence de l'argile noirâtre pourrait faire supposer que le terrain houiller a existé au-dessus de cette faille.

A la hauteur du moulin de Las Brouas, une butte transversale change la direction de la Creuse et paraît fermer tout passage au terrain houiller.

On suit alors le plateau de la rive droite par La Petite Balleyte et Villebige. Sur la rive droite, au moulin du Breuil, on trouve en montant à Villebige, intercalées dans le granite noir, des roches verdâtres affectant des allures fort irrégulières. Sur le flanc de la côte qui monte à Laboureix, on trouve, après le granite bleu ordinaire, un granite rose, contenant du mica verdâtre et très peu de mica blanc ; à cette roche succède une roche arénacée, feldspathique, contenant du mica verdâtre très décomposé et donnant, par sa décomposition, une terre argileuse et profonde. Ce terrain continue jusqu'à la rive gauche du ruisseau des Ternes, où l'on retrouve le granite bleu, mais injecté de veines calcaires. Ce granite accompagne jusqu'à Pionnat ; avant d'arriver à ce village, on observe, dans le granite, un filon de granite à petits grains (leptynite)..

A partir de Pionnat, le granite devient schisteux en grand sans donner de véritable gneiss ; sa schistosité a une direction N. 30° O. environ avec plongée au Sud. Le sommet du plateau jusqu'à Jarnages est occupé par des argiles d'alluvion au milieu desquelles on trouve des quartz blancs qui paraissent provenir du filon de Jarnages et de très gros blocs arrondis de granite bleu plus ou moins schisteux. La schistosité du granite se développe assez à La Cosse pour qu'on y exploite le granite pour dalles.

Près du Mégnot, le granite bleu est remplacé par une roche décomposée dont la schistosité est dirigée de la même manière, dont le feldspath est rosé et le mica blanc. On trouve dans cette roche des filons de quartz blanc dirigés N. 45° E. et des filons d'eurite dirigés N. 45° O.

Le 13 août. — [*De Jarnages à Gouzon*].

Parti de Jarnages ; sur la place du village, on reconnaît un filon de quartz associé à des eurites et qui suit la route de Jarnages à Chénérailles. Ce filon, orienté N. 30° O. devient très puissant près de Chatras où il est exploité pour l'empierrement de la route. Ce quartz est laiteux, saccharoïde, très blanc et contient, englobées, des matières verdâtres feldspathiques. On revient de Chatras à Jarnages pour suivre le chemin vicinal de Jarnages à Parsac. On rencontre d'abord une argile alluvionnelle ; au Clos, on observe un pointement de granite bleu schistoïde avec une direction E. O. environ ; un peu plus loin, la direction de ce granite paraît changer et devenir N. O. - S. E.

A Marsat, la route coupe une butte porphyrique. Ce porphyre est une sorte d'argilophyre, composée d'une pâte feldspathique compacte rougeâtre ou verdâtre par décomposition et contenant des cristaux plus ou moins abondants de quartz portant la pyramide à six faces. Ce filon porphyrique a une direction E. 20° N. ; il passe sous le village, suit le chemin pendant quelque temps et le laisse enfin sur sa gauche.

La roche, au milieu de laquelle vient percer cette roche ignée, ne paraît plus appartenir au granite dont elle conserve cependant en partie la structure. Le changement dans la nature du mica qui de noir devient verdâtre, dans la structure qui devient plus grenue, tend à faire rapporter cette roche au terrain de transition.

Près du village de Potière, le terrain de transition se montre bien nettement caractérisé par une grauwacke bleue, en relation avec une roche granitoïde à feldspath rose et mica vert.

A l'Arbre de la Marche, sur la droite de la route de Gouzon, en se dirigeant vers cette localité, on trouve un filon de porphyre entièrement analogue à celui de Marsat et ayant une orientation identique E. 20° N. Ce filon paraît divisé en plusieurs branches séparées par 20 ou 30 mètres. Ce porphyre se voit sur la droite de la route jusqu'à Gouzon en gardant une direction générale constante malgré quelques irrégularités.

accidentelles. Ce porphyre prend quelquefois une apparence tabulaire, ainsi qu'on l'observe près de Gouzon.

Les roches au milieu desquelles le porphyre surgit, semblent toujours appartenir aux roches du terrain de transition métamorphisées. Toutefois, ce terrain de grauwacke est recouvert, à partir de La Garde environ, par un terrain alluvionnel peu épais et qui paraît formé aux dépens de la grauwacke. Ce qu'on nomme communément la plaine de Gouzon, plaine occupée par un terrain tertiaire avec gypse et marne, ne paraît réellement commencer qu'un peu avant le coude que la route fait entre La Garde et Gouzon.

Le 14 août. — [*De Gouzon à Guéret par Ajain*].

On part de Gouzon par la voiture de Guéret que l'on quitte au relai de Pierre-Blanche. On reconnaît en cet endroit l'orientation du puissant filon de quartz blanc de cette localité ; cette orientation qui est N. 20° S. paraît démontrer que ce filon n'est que le prolongement de celui de Jarnages. Ce filon a, à Pierre-Blanche, une puissance d'une dizaine de mètres et paraît plonger vers l'ouest.

La grauwacke paraît s'étendre jusque là, mais s'y arrêter ; on retrouve ensuite le granite bleu recouvert souvent, dans les dépressions du sol, par des alluvions récentes.

A partir d'Ajain, le granite bleu paraît remplacé par une roche granitoïde à feldspath rosé, à mica verdâtre, avec un peu de mica blanc, roche ayant un aspect un peu gneissique.

A La Courcelle, on remarque dans cette roche une eurite blanche qui se retrouve entre Le Naud et la route, associée à du quartz exploité pour la route, direction N. 30° O.

Au contact de cette eurite, dans la carrière même de Mendinaud, on trouve une argile noire et un poudingue argileux qui annonce le commencement du terrain de transition. Des roches appartenant à ce terrain se retrouvent, en effet, dans les tranchées de la route depuis cet endroit jusqu'au coude de la route, à la hauteur de Villandry, où le terrain de transition interrompu par une faille très manifeste, vient buter contre le granite bleu.

Le terrain de transition est caractérisé en cet endroit par des couches alternantes de poudingue, de schistes bleu foncé très quartzeux, de poudingues compactes avec lamelles de chaux. Ces couches affectent une direction N. 40° O. avec une plongée peu visible au S. E.

On suit la faille limite de Villandry sur le côté droit de la route ; on trouve dans cette faille, des argiles noires en relation avec un poudingue à gros grains d'un côté et le granite bleu de l'autre.

Cette faille suit à peu près le chemin de Pont-à-la-Dauge à Glénic ; on retrouve sur cette direction, en plusieurs endroits, les argiles noirâtres, notamment au S. E. de Villeraput.

Cette faille coupe la Creuse au confluent du ruisseau de Lavaud dont la rive droite est occupée par des granites bleus ; le terrain de transition paraît donc avoir pour limite, au Nord, une ligne qui, partant de Mendinaud, aboutirait au confluent du ruisseau de Lavaud en suivant ce ruisseau lui-même dans une partie de son cours ; cette limite aurait ainsi une direction O. 18° N. environ, la faille limite du Sud ayant une direction N. 38° à 39° O.

Sur la rive droite du ruisseau de Lavaud, on retrouve cependant encore quelques lambeaux de terrain de transition sans continuité et comme intercalés dans le granite bleu. On retrouve la prolongation du terrain de transition sur la rive gauche de la Creuse, à l'extrémité sud du village du Pont, dans un communal où l'on a ouvert des fouilles pour argile. On y retrouve le poudingue caractéristique ; seulement, le terrain de transition a, en cet endroit, une faible épaisseur qui ne dépasse pas 30 mètres.

A la Villetelle, sur la rive gauche du ruisseau de Saint-Fiel, une carrière de cailloux a été ouverte dans une roche curieuse ; c'est une roche verdâtre feldspathique, avec veinules de quartz ; cette roche empâte de véritables fragments de grauwacke. On y trouve du spath fluor. Cette roche verte englobante, dont l'éruption est contemporaine de la faille N. O., a de l'analogie avec la roche de porphyre noir qui recouvre le terrain houiller à Fourneaux, et avec celle que nous avons déjà signalée dans la faille au N. de Chantemille.

On trouve ensuite le granite bleu à mica noir qui accompagne jusqu'à Guéret.

*

Le 17 août. — [*De Gouzon à l'étang des Landes*].

On part de Guéret pour Gouzon par la voiture publique.

On sort de Gouzon par la route de Chénérailles jusqu'au pont sur la Voueize, puis on suit le chemin vicinal de Saint-Loup. On rencontre la carrière du Thureau ouverte sur une hauteur ; cette carrière est ouverte dans la grauwacke, au pied de laquelle on aperçoit des marnes rouges appartenant au terrain tertiaire. Dans la carrière exploitée pour l'empierrement de la route, on distingue, au milieu de la grauwacke, des pointements d'une roche qui paraît plutôt se rapporter au granite bleu. On suit ce terrain de grauwacke jusqu'à une autre carrière près des Puyaux ; là, dans une dépression, on trouve des argiles tertiaires ; la grauwacke reparaît de l'autre côté de la dépression. On suit ainsi approximativement la limite du terrain tertiaire, limite fort incertaine, car la grauwacke et ce terrain sont indifféremment recouverts par une argile maigre siliceuse, que nous avons déjà signalée sur la route de Parsac à Gouzon. C'est cette argile maigre, alluvionnelle, qui avait fait donner par M. Mœvus une étendue beaucoup trop grande au terrain tertiaire de Gouzon.

Le bois des Landes paraît occupé par de la grauwacke recouvert par l'argile maigre dont nous venons de parler. La grauwacke se montre près de l'Age, sur le chemin des Landes à l'Age. On suit le chemin de l'Age aux Portes ; ce chemin fortement encaissé, montre la grauwacke avec des poches d'argile tertiaire ; la grauwacke paraît avoir peu d'épaisseur car elle laisse souvent apparaître le granite bleu ; c'est ce qu'on observe non loin des Portes ; c'est ce que nous avons fait remarquer déjà en parlant de la carrière de Thureau. Aux villages des Portes, on trouve, entre le granite et la grauwacke, un filon de porphyre violet à cristaux de feldspath développés; ce porphyre, fort différent de l'argilophyre de Parsac et de Marsat, passe, au contact de la grauwacke, à une roche feldspathique schisteuse. En allant des Portes aux Barres, on traverse le bois des Barres dans lequel on trouve un pointement de granite bleu exploité. A partir de là, on suit le chemin qui longe, à l'Ouest, le ruisseau de l'Etang-Neuf; on ne rencontre que l'argile maigre qui paraît recouvrir la grauwacke que l'on trouve en place sur la rive droite du ruisseau de Poulinchoux. On passe à la queue de l'étang des Landes et l'on contourne l'étang par la rive gauche sans rien voir autre chose que de l'argile maigre qui, probablement, recouvre en cet endroit le terrain tertiaire. Ce terrain se montre nettement dans les tranchées de la route en se dirigeant vers les Brauilles; on rencontre la grauwacke avant d'arriver à ce petit village; elle est exploitée à l'étang Girard pour l'empierrement de la route.

Retour à Gouzon.

* * *

Le 18 août. — [*De l'Etang des Landes à Gouzon et aux Peyroux*].

On gravit la colline du Puy-Haut par son versant sud; on rencontre à mi-côte le terrain couvert de débris d'argilophyre blanchâtre entraînés par les eaux et venant de la hauteur. A l'angle Nord du bois qui borde le sommet de la colline au Sud-Est, on trouve une carrière sur un filon d'argilophyre (eurite) quartzifère très bouleversée et très décomposée, à tel point qu'on pourrait douter que les roches soient en place. On trouve la même roche dans un état un peu plus normal sur le chemin de Puy-Haut; on revient à l'Est [Ouest] en suivant le plateau et descendant à Réville; on ne trouve le terrain tertiaire que dans une dépression du sol au Sud de Réville; tout le reste du sol est formé par l'argilophyre blanchâtre et quelquefois verdâtre; cette roche présente, en cet endroit, cette particularité qu'elle est le plus souvent grenue, offrant quelque analogie avec un grès, ce qui l'a fait prendre quelquefois pour du grès tertiaire. Elle contient, au reste, presque toujours de petits cristaux rares de quartz terminés par une pyramide. On remarque encore cette particularité que presque toute la surface du sol est couverte de débris de cette roche qu'il est rare de trouver en place ; c'est probablement l'effet d'une action diluvienne puissante.

On suit, à mi-côte, toujours sur l'argilophyre, à travers le bois de Réville, en se dirigeant sur Baleyte. Ce village est assis sur un gneiss passant à un poudingue de transition et contenant des filons de granulite à mica noir. La direction des feuillets, assez variable, est comprise entre E.-O. et O. 30° N.

Un peu au N.-E. de Baleyte, on trouve une poche d'argile tertiaire reposant sur la grauwacke, laquelle est traversée en tous sens par des veinules remplies d'un calcaire blanc botryoïde (1).

De Baleyte au Sou, gneiss.

Du Sou au Pont-Chanté, gneiss et granulite.

A partir de là jusqu'à Gouzon on ne rencontre plus que le terrain tertiaire, sauf une éminence allongée environ Est-Ouest, que la route coupe entre le chemin du château de Périgord et le ruisseau des Forges ; cette butte qui paraît s'aligner au reste au Puy-Haut, est formée par de l'argilophyre.

On suit la route de Gouzon à Chénérailles jusqu'aux Peyroux. On trouve la grauwacke à un kilomètre environ de Gouzon et elle continue jusqu'à la hauteur des Peyroux où elle est recouverte par une argile verte exploitée par une tuilerie. Au-dessous de cette argile et probablement dans la même position qu'à Baleyte, on trouve une couche botryoïde, au dire du tuilier. Cette poche tertiaire a fort peu d'étendue, car on retrouve la grauwacke de l'autre côté du ruisseau.

On revient sur ses pas jusqu'à Voueize ; là on prend sur la gauche vers Lauradoueix ; on trouve à moitié chemin environ un filon d'argilophyre rouge quartzifère analogue à celui de Parsac et qui paraît lui être à peu près perpendiculaire.

Le village de Lauradoueix est bâti sur la grauwacke. Sur la

---

(1) Mamelonné, en forme de grappe ou de choux-fleur. [G. M.]

rive gauche du ruisseau on retrouve des couches d'argile et de sable dont la limite paraît se relier directement avec le point de limite du terrain tertiaire reconnu précédemment sur la route de Gouzon à Guéret. Une course faite de là à Mérianne, montre presque partout, dans les champs, des fragments de grauwacke, ce qui fait présumer que le terrain tertiaire n'existe pas sous l'argile sableuse alluvionnelle qui recouvre tout, ou du moins qu'il a une très faible épaisseur.

Le 19 août. — [*De Gouzon à Ladapeyre*].

On suit la nouvelle route de Gouzon à Boussac jusqu'à Trois-Fonds ; on ne trouve rien qu'une alluvion sableuse contenant des galets non roulés de quartz et d'argilophyre.

Au-dessous du village de Trois-Fonds, on rencontre le terrain de gneiss.

On prend sur la gauche en se dirigeant vers Varenne. Là on trouve sur le plateau de Circonstance et sur l'espèce de promontoire de Vareine un argilophyre blanchâtre complètement analogue à celui du Puy-Haut et aussi brouillé, aussi décomposé que celui-ci.

Un peu avant Rogonet, on trouve de l'argile qui paraît appartenir au terrain tertiaire.

Entre Luzignat et Domérot, commence le granite bleu à mica noir.

À Domérot, dans le village même, on trouve un filon de quartz et d'eurite orienté N.-O. S.-E. Le quartz est en filon dans l'eurite schisteuse.

On suit le chemin de Domérot à La Pouyade, en descendant au Verraux. On trouve, un peu après La Pouyade, le granite à mica blanc, succédant au granite à mica noir.

Sur les bords du Verraux, on rencontre le terrain de transition aussi bien caractérisé qu'au Pont-à-la-Dauge et paraissant même composé des mêmes roches. Tout ce terrain paraît orienté comme le cours du Verraux soit N. 38° à 40° O. On trouve, au milieu de ce terrain, des filons de quartz également N.-O.

On poursuit jusqu'à Ladapeyre, mais l'obscurité s'oppose à toute observation.

*
* *

Le 20 août. — [*De Ladapeyre à Boussac, par Châtelus-Malvaleix*].

On part de Ladapeyre en suivant la route de Châtelus ; on reste dans la grauwacke jusqu'au Quéroix où on rencontre le granite à mica blanc. On nous signale un filon de quartz près de Molle. On observe près de Châtelus un filon de quartz dirigé N. 40° O., et coupant la route au-dessus de La Sagne.

De Châtelus, on se dirige vers les Boissières sans rien ajouter de nouveau aux observations que nous avons déjà faites en suivant le même chemin.

On va des Boissières à Clugnat. Les schistes anciens accompagnent jusqu'aux Gigots. Des Gigots à Clugnat, on observe des alternances de micaschistes et d'amphibolite avec fréquents filons de granulite à mica noir. La direction des schistes varie de N. 50° à 70° E. On doit remarquer que l'amphibolite se présente souvent dans ces parages, notamment près des Gigots, en gros blocs semblables aux blocs de granite bleu de la chaîne de Guéret et ayant une structure syénitoïde.

Un peu au Sud de Clugnat, on rencontre le gneiss rubané analogue à celui de Châtelus.

On suit la route de Clugnat à Boussac ; on rencontre d'abord de l'amphibolite, alternant avec le micaschiste, ce dernier contenant de l'oxyde de fer.

Au Cloux, on rencontre une roche gneissique, presque granitoïde et paraissant même passer en quelques endroits, à un granite à grains fins et à mica noir.

A cette roche, succède le micaschiste ordinaire recouvert souvent d'une argile profonde, notamment près de Chaumeix.

On observe de fréquents filons de granulite ayant pénétré au milieu des micaschistes ; on trouve même des points curieux à observer où l'on voit des filons de granulite à feldspath rose courant dans le micaschiste et ayant injecté leur feldspath entre les feuillets des schistes.

Le micaschiste continue jusqu'à Boussac. Le granite blanc cependant, en face de Boussac, s'avance dans les micaschistes plus qu'il n'a coutume de le faire ; la montagne sur laquelle est bâti le village de Chéroux est formée par du granite à mica blanc.

Le 21 août. — *[De Boussac à Chambon-sur-Voueize et de cette localité à Gouzon]*.

Suivi la route de Boussac à Chambon par Lavaufranche' Soumans et Lépaud.

On rencontre d'abord le micaschiste jusqu'à La Roussille, où commence le granite à mica blanc qui s'arrête brusquement à la hauteur de La Clavière pour faire place à un granite bien différent ne contenant plus de mica blanc. Au reste, les hauteurs formées par ces deux granites ne se soudent pas entre elles ; il y a, à leur limite commune, une sorte de solution de continuité. Le granite noir s'arrête entre La Drouille et Châtres et fait place à des roches gneissiques, prenant quelquefois l'apparence de micaschistes. Sur la rive gauche du ruisseau de Rivaud on trouve un granite noir un peu schisteux décomposé, et au milieu des arènes duquel on trouve, comme dans les environs de Guéret, de gros blocs non décomposés. Ce terrain dure peu, car les roches schisteuses recommencent à Montplaisir. Cependant, la montagne qui domine Chambon est formée par des roches compactes qui approchent beaucoup du granite noir.

De Chambon, on se dirige vers Gouzon, en explorant le terrain compris entre la route et la Voueize. Sur la route, dans la côte de Léraget, on trouve, dans la grauwacke, des filets charbonneux et argileux. Un grès de transition, un peu schisteux, très nettement caractérisé, se rencontre de Saint-Sornin à Maurissart, Villerange, etc.

On rencontre parfois, dans ce terrain, des filets argilo-graphiteux, notamment sur le chemin qui descend des Forges à la rivière. On va du pont de Brédeix à La Petite-Chaux en restant toujours sur des terrains de transition. Des veines graphiteuses, très analogues à celles que nous avons déjà rencontrées aux Boissières se montrent sur la rive droite du Verneige entre La Petite-Chaux et le pont de Bredeix. Leur direction est N.-S. ; l'argile graphiteuse y est associée avec du quartz, du spath fluor, des pyrites arsenicales etc., ainsi que cela a lieu, au reste, à Eguzon. Le terrain de transition est caractérisé, en cet endroit, par une graúwacke grise, grenue et schistoïde.

De-là à L'Etang-Girard, graúwacke avec filon de quartz N.-S. On ne trouve aucune masse d'argilophyre sur le prolongement du Puy-Haut. Rentré à Gouzon.

Le 22 août. — [*Au N.-E. de Gouzon*].

On part de Gouzon par la route de Trois-Fonds, de manière à terminer l'exploration du terrain tertiaire de Gouzon en parcourant l'espace compris entre cette route et celle de Montluçon. On suit la limite des gneiss de Trois-Fonds au Pont-Chanté. On visite les fouilles faites jadis sous la direction de M. Rocard dans la brande de Périgord. Ces fouilles, ouvertes sur la limite du terrain tertiaire, ont rencontré du terrain calcaire situé probablement dans la même position que le calcaire signalé à Baleyte et au Peyroux, c'est-à-dire au contact des terrains anciens et dans des poches de médiocre étendue.

En revenant à Gouzon, on rencontre un peu avant La Caurade, une butte d'argilophyre qui n'est que le prolongement de celle que l'on a observée sur la route de Montluçon et qui paraît relier les masses d'argilophyre du Puy-Haut avec celles de Vareine et de Circonstance.

Retour à Guéret par la voiture publique.

Le 4 décembre. — [*De La Souterraine à Dun-le-Palleteau*].

On marche sur le granite à mica noir jusqu'à la hauteur de Chanteneuil ; on rencontre là un gneiss contenant des zones de quartz gris, du mica noir et de gros cristaux de feldspath qui paraît être de l'orthose. Les feuillets de gneiss à Chanteneuil s'alignent environ E. O. Cette orientation ne paraît pas se modifier plus loin.

Ce gneiss passe au micaschiste insensiblement, mais cette roche n'est bien caractérisée qu'à partir de Saint-Léger; à deux kilomètres de Dun, on trouve dans les schistes, des filons de schistes amphiboliques, contenant, avec l'amphibole, beaucoup de mica noir. En relation avec les amphibolites, on trouve des schistes compactes, noirâtres, qui ont quelque analogie avec l'ardoise.

On observe au reste, dans les schistes, de fréquents filons de granulite à mica noir.

* *

Le 5 décembre. — [*De Dun à Saint-Vaury*].

Sorti de Dun par la route de Saint-Vaury. On trouve d'abord dans les micaschistes, un filon d'amphibolite compacte à la hauteur du Moulin de l'Etang.

Le micaschiste commence à passer au gneiss au village de Chabanne, et le gneiss bien caractérisé commence avec la côte du bois de Chabanne. Ce gneiss est à gros éléments à deux micas; on y trouve de gros cristaux de feldspath dont le développement paraît avoir été postérieur à la formation de la roche et avoir provoqué le contournement des feuillets. Ce gneiss lui-même perd peu à peu sa structure schistoïde et passe à une roche granitoïde à deux micas entièrement analogue au granite du Chêne, de Châtelus, de Toulx, etc.

On prend à gauche, en allant de Chatenet à Bussière-Dunoise, on reste toujours sur le granite à deux micas.

On commence à rencontrer le granite à mica noir en face du village du Mont; mais on observe auparavant un passage entre les deux granites, le granite à deux micas perdant peu à peu son mica blanc et prenant une structure plus compacte.

On trouve à La Vallette, à la hauteur des Trois-Cornes, une roche porphyrique rougeâtre et contenant du mica verdâtre.

Entre les Trois-Cornes et Saint-Vaury on observe une roche schistoïde rougeâtre que l'obscurité empêche de classer nettement.

* *

Le 11 décembre. — [*De La Souterraine à Eguzon*].

Sorti de La Souterraine en suivant le chemin de fer. On trouve le granite à mica noir jusqu'à L'Age-du-Curé. Un peu au-dessus, ce granite passe au gneiss. On quitte le chemin de fer pour prendre la route de Vareilles et on suit le gneiss jusqu'à Basseneuille; là on trouve une roche granitoïde, bien différente du gneiss de Basseneuille, contenant également deux micas et montrant du feldspath du 6ᵐᵉ système; le mica blanc y est peu abondant.

Aux Genêts, on prend à droite, en se dirigeant vers Le Theil et ne rencontrant qu'une alluvion argileuse avec fragments de quartz qui recouvre ordinairement le micaschiste. Cette roche se montre en place, non loin de Peumory, village bâti sur un filon de granulite, dans lequel une faille N. S. a donné passage à l'Abloux.

On retrouve de nouveau le granite à deux micas trouvé au N. de Basseneuille, sur les bords de l'étang de Vaussujean; on suit cette roche dans la tranchée du chemin de fer jusqu'à la hauteur de Bougbert; tout près de la gare de Vaussujean (St-Sébastien), on trouve, dans le granite, un filon de porphyre contenant des cristaux de feldspath et un peu de mica.

A partir de Bougbert, commencent les schistes composés principalement de schistes amphiboliques décomposés et on les suit jusqu'à Eguzon.

* *

Le 12 décembre. — [*D'Eguzon à Dun, par Crozant*].

On sort d'Eguzon par la route de Dun. On reste dans le micaschiste jusqu'au château de La Glavière; là, sur la rive droite du ruisseau qui passe au bas, on rencontre le granite à deux micas de Vaussujean, Basseneuille, affectant une structure schistoïde, sans que les éléments de granite soient eux-mêmes orientés.

On relève ainsi la coupe ci-dessous sur la tranchée de la route ; cette coupe montre bien des panneaux de micaschistes intercalés, pour ainsi dire, dans le granite. Plus loin, on rencontre le micaschiste contenant un filon horizontal de granulite.

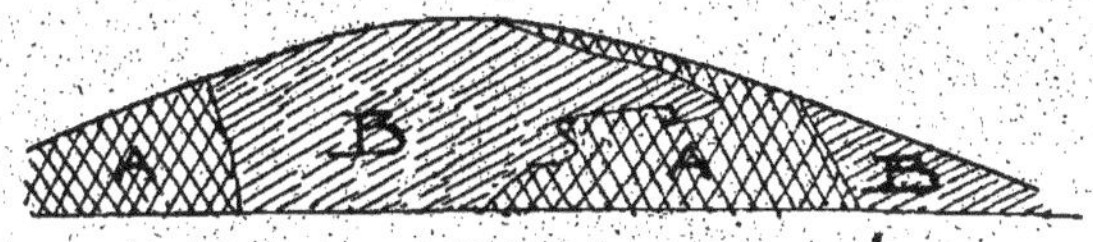

A : Granit tabulaire.
B : Micaschiste décomposé.

A peu de distance, on trouve le micaschiste comme imprégné de graphite. Au reste, le micaschiste a très peu d'épaisseur sur la rive droite du ruisseau, où on trouve la route ; on observe, en effet, à quelques mètres de la route, le granite formant derrière, une crête rectiligne légèrement saillante.

Cette roche granitoïde se continue et se retrouve à Crozant. Le vieux château ruiné de Crozant est assis sur un promontoire très étroit, dirigé presque exactement N.-S. et limité à droite et à gauche par deux failles de même direction dans lesquelles coulent d'un côté la Sédelle, de l'autre la Creuse ; ce promontoire est limité au Nord par une faille E. O. qui paraît avoir rejeté la faille N. S. que reprend la Creuse un peu plus loin. Le granite y affecte une disposition stratiforme ; les strates paraissent se diriger principalement N.-E. S.-O.

De Crozant à Chebraud, on rencontre le micaschiste au-dessus du moulin du Ribois.

On reprend la route aux Leschères où l'on trouve encore le granite ; le micaschite commence un peu au-dessous et dure jusqu'à Dun. Ce micaschiste est recouvert par une argile alluvionnelle qui empêche d'en saisir la limite exacte ; toutefois, il y a un très léger ressaut du sol en passant du micaschiste au granite. On remarque, au reste, que, même au contact des deux roches, il n'y a jamais passage du micaschiste au granit, ainsi que cela a lieu lorsqu'on passe du micaschiste au gneiss de Chabannes et de Chantemille. On remarque encore que le granite de Crozant se trouve au même niveau, ou à très peu près, que le micaschiste, tandis que la limite des micaschistes et des gneiss au sud est marquée par une différence brusque dans l'altitude.

Les schistes au reste, entre Les Leschères et Dun, sont composés fréquemment de schistes amphiboliques donnant, par leur décomposition, une argile rougeâtre assez puissante et particulièrement favorable à la culture du froment.

Revenu par la voiture publique à La Souterraine.

Les 13 et 14 décembre. — [*De La Souterraine à Lafat*].

Sorti de La Souterraine par le chemin vicinal de Saint-Germain-Beaupré. On trouve le granite noir jusqu'au Chaudron ; là commence le gneiss à deux micas qui paraît orienté O. un peu N. On remarque que le granite noir, au contact, sans changer de structure, contient un peu de mica blanc.

Le gneiss, plus ou moins granitoïde, finit un peu au-dessus de Saint-Agnan-de-Versillat, pour faire place au micaschiste. Cette dernière roche fait place, près de La Dauge, au granite de Crozant dont on suit pas à pas la limite jusqu'à la route d'Eguzon à Dun, où l'on avait déjà, la veille, observé un point de cette limite. On trouve, au milieu de cette roche, un filon de porphyre, un peu avant Lafat.

On revient à Dun et le lendemain on rentre à Guéret.

Le 15 décembre. — [*De Guéret à Bonnat*].

Sorti de Guéret par la route de La Châtre. Granite noir jusqu'un peu avant le pont de Glénic où l'on trouve le terrain de transition avec poudingue et filon de roche porphyrique verdâtre déjà mentionné.

Sur la rive droite de la Creuse, on trouve le granite noir

porphyroïde amphibolique en contact avec une roche rosé
granitoïde, à mica verdâtre, qui ne paraît se trouver là
qu'accidentellement. Le granite noir se continue jusqu'à la
côte que l'on rencontre avant le ruisseau du moulin de Chibert ;
là il s'interrompt brusquement, pour faire place à la roche
granitoïde rose que nous avons déjà mentionnée. Cette roche,
qui prend souvent une structure porphyroïde, est formée par
des cristaux ternes de feldspath rosé qui paraissent appartenir
au 6mo système, par des cristaux d'un feldspath brillant
légèrement verdâtre qui paraît être de l'oligoclase, par des
grains de quartz affectant quelquefois une tendance à la
cristallisation, enfin par du mica vert. On y trouve aussi
normalement du mica blanc en faible quantité et le mica noir
du granite. En certains endroits on y rencontre encore un
mica rougeâtre à reflets changeants. Cette roche, que nous
avons déjà signalée plusieurs fois, se rencontre toujours en
contact avec le terrain de transition et nous inclinons à penser
qu'elle a, malgré son apparence ignée, une origine métamorphique, que c'est, en résumé, une roche appartenant à la
famille de celles auxquelles on a donné le nom de grauwacke.
Cette roche présente des strates verticaux à angles vifs.

Le granite noir reparaît au coude de la route, en face de
Bonnavaux. De l'autre côté du coude, on observe une coupe
intéressante ; elle offre, comme le représente le diagramme
ci-dessous, la grauwacke rosée, entourée par le] granit à

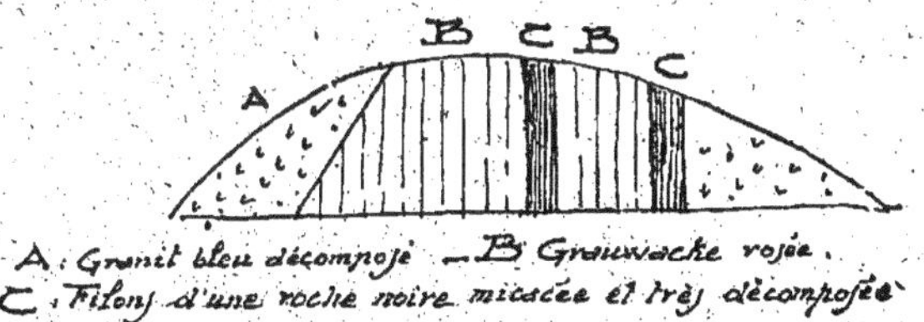

A. Granit bleu décomposé. — B Grauwacke rosée.
C. Filons d'une roche noire micacée et très décomposée

mica noir très décomposé. Deux filons d'une matière noirâtre
très décomposée elle-même et dont il est difficile de préciser la
nature, ont fait éruption, l'un au milieu de la grauwacke,
l'autre au contact de cette roche avec le granite.

On prend la route de Bonnat. On trouve, un peu au-dessus

de Péchadoire, la grauwacke rose injectée par un eurite verdâtre qui rappelle la roche de Glénic et qui a probablement la même origine. Cette roche empâte, comme celle-ci, des fragments de grauwacke, sans paraître les modifier beaucoup dans leur nature.

Filon de quartz blanc (quartz des eurites de M. Grüner) exploité pour l'empierrement de la route, près du Mas, à 250 mètres de la route.

En face Tirelangue, filon très puissant (400 à 500 mètres) de granulite à grains fins, à petites lamelles de mica exclusivement blanc. Ce filon paraît courir de l'E. à l'O. environ. D'autres filons de la même roche se montrent, avant celui-ci, dans la grauwacke qui, dans leur voisinage, est toujours extrêmement décomposée.

Après le filon puissant de Tirelangue, on trouve le granite à deux micas, à gros grains, formant la montagne du Signal.

Un peu avant Belair, ce granite passe au gneiss et fait place aux micaschistes un peu après Chebasset. Ce micaschiste à mica verdâtre, très décomposé, recouvert même d'une argile plus ou moins épaisse, se fait remarquer par l'absence d'amphibole. Le micaschiste continue jusqu'à Bonnat.

Le 16 décembre. — [*De Bonnat à Aigurande*].

Suivi la route de Bonnat à Aigurande. On ne trouve que le micaschiste. En face le château de Vost, on observe un filon de pegmatite à grains fins, ayant feldspathisé les schistes et changé leur direction qui paraît être N.-S. après cette modification.

En arrivant à Aigurande, on observe des terrains rouges très décomposés, qui paraissent se rapporter au micaschiste mais que leur décomposition même empêche de classer.

Sorti d'Aigurande par la route de Dun. On trouve en sortant d'Aigurande un granite à deux micas, épars en gros blocs dans les champs. Le sous-sol est formé par ce même granite décomposé et transformé en arène. Ce granite dure peu de temps et fait place, après La Brodière, au micaschiste; mais on retrouve le granite blanc en face du Chezeau-Limousin à gauche de la route, où il paraît former la colline du Haut et Bas Aigude. Le micaschiste reparaît au coude que fait la route en cet endroit.

Rentré à Aigurande.

Le 17 décembre. – [*D'Aigurande à Dun*].

Sorti de nouveau d'Aigurande par la route de Dun.

On trouve, en continuant la course de la veille, au tournant de la route, en face Châtelus, de l'amphibolite à grains très fins, très compacte, ayant une pâte feldspathique et présentant presque l'aspect d'une diorite ; cependant les cristaux d'amphibole paraissent orientés suivant une certaine direction, ce qui semble révéler une origine schisteuse. On remarque, au reste, que cette roche amphibolique très dure forme des montagnes abruptes, très distinctes de ce qui les entoure et qui paraissent orientées N. E. On remarque combien cette roche amphibolique diffère des véritables schistes amphiboliques que nous avons déjà signalés en plusieurs points, qui ne sont que des micaschistes où le mica est remplacé par l'amphibole, qui se décomposent aussi facilement que les micaschistes, sont toujours au même niveau que ceux-ci, ne forment pas de collines abruptes et sont enfin généralement orientés suivant une direction qui se rapproche de la direction E. O.

Le micaschiste reparaît après une centaine de mètres et continue. On retrouve des roches amphiboliques entièrement analogues à celles de Châtelus, sur les bords de la Creuse, à proximité du Pont du Trou d'Enfer. Seulement, en cet endroit, l'amphibolite est parfois décomposée et elle contient alors des veines de pegmatites se croisant en tous sens ; ces veines, qui ressortent en blanc sur la roche noire, sont elles-mêmes complètement décomposées et donnent un véritable kaolin de Saint-Yrieix. Malheureusement, au Pont d'Enfer, les veines de pegmatite sont très peu puissantes ; il se pourrait cependant qu'elles formassent, en certains endroits, des amas exploitables.

L'amphibolite paraît encore, en cet endroit, orientée N. E.; toutefois cette direction est incertaine.

Au contact de l'amphibolite dont nous venons de parler, on trouve la pegmatite grenue qui pénètre si souvent les schistes, et dont nous avons fréquemment parlé. Cette roche affecte des allures très variables; tantôt elle forme des filons verticaux, tantôt elle paraît avoir été injectée entre les strates presque horizontales du micaschiste, et c'est ce qu'on observe très bien sur la route de Dun, un ou deux kilomètres après le Pont d'Enfer.

Le ruisseau qui passe au bas de la maison de campagne du Chézeau est encaissé dans la pegmatite grenue, très quartzeuse en cet endroit, et dont la direction, relevée avec soin, est N. 45° E. Cette direction est aussi celle des schistes en contact avec la pegmatite et qui passent même à cette roche, en vertu du phénomène de feldspathisation métamorphique déjà signalé comme ayant été produit par la pegmatite. La pegmatite constitue, au Chézeau, un amas plus puissant qu'à l'ordinaire; il paraît avoir une largeur d'au moins 400 ou 500 mètres; cependant son influence sur la direction des micaschistes ne paraît pas s'étendre bien loin, car un peu avant d'arriver au village des Coutures, on retrouve les micaschistes avec leur aspect ordinaire et leur direction normale E. 10° N.

Micaschistes jusqu'à Dun.

Le 18 décembre. —[*De Dun à St-Agnan-de-Versillat*].

Suivi la limite des schistes et des gneiss depuis le bois de Chabannes jusqu'à Saint-Agnan-de-Versillat et tracé sur la carte cette limite qui, sauf quelques irrégularités, court E. 10° N. environ.

Les gneiss ont déjà été décrits dans la relation de la course faite de Dun à Saint-Vaury, nous n'y reviendrons pas. Nous ferons remarquer seulement que la course actuelle a montré encore combien il est difficile de tracer la séparation exacte entre le gneiss et le micaschiste, ces deux roches passant presque de l'une à l'autre, tellement qu'on est amené à cette idée que les gneiss ne sont que des micaschistes entre les strates desquels il s'est développé de gros cristaux d'orthose. La direction des gneiss est, du reste, constamment la même que celle des schistes.

Sur le chemin des Vallettes au Ris et derrière Colondannes, à peu près à la limite entre le gneiss et les micaschistes, on trouve des roches que l'on croit pouvoir rapporter au terrain de transition ; ce sont ces poudingues analogues à ceux de Glénic, des schistes argileux verdâtres qui se brisent en parallélipipèdes rectangles, etc. Cette observation est importante parce qu'elle tend à prouver que le terrain de transition est antérieur à la formation de la chaîne E. O. qui s'étend de Toulx à La Souterraine.

On doit remarquer, au reste, que si les schistes passent souvent au gneiss, ces derniers s'en distinguent beaucoup par leur altitude, contrairement à ce que nous avons dit du granite schisteux de Crozant.

Amphibolite près de Mauze.

* *

Le 19 décembre. — [*De La Souterraine, Forgevieille vers Chantome et retour*].

On se rend de La Souterraine à Forgevieille par le chemin de fer dans le but de continuer la délimitation du massif granitique de Crozant.

De Forgevieille à Proge, micaschiste ; on rencontre le granite entre Proge et Lourioux. On trouve, en ce point, à la limite des deux terrains, un puissant filon de quartz blanc qui paraît être de la même nature que ceux de Jarnages, Pierre Blanche, etc. La direction paraît être N. 30° O.

On suit la limite du granite jusqu'à Chezeaupion ; là, on suit le chemin de fer en rétrogradant jusqu'à Forgevieille ; on ne rencontre que le micaschiste avec une direction E. 3° à 4° N. ; on revient, en suivant la limite du granite, par Le Dognon, Bonichaud et Le Chassin.

Pegmatite grenue à Bonichaud ; direction N. 36° E. ; filon

de quartz, identique à celui de Proge, de l'autre côté du ruisseau de Bonichaud, un peu avant Le Chassin, direction N. 28° O.

A Bazelat, le chemin de fer entre dans le granite et n'en sort qu'à Bougbert. Sur cette longueur, on observe un filon de porphyre brun quartzifère, identique à celui qu'on a déjà signalé à Vaussujean, direction N. 34° E. ; ce filon coupe le chemin de fer un peu au-dessus de Morlon. A un kilomètre au nord de ce filon de porphyre quartzifère, on trouve un filon puissant d'argilophyre très décomposé ; cet argilophyre est entièrement analogue aux puissantes masses de cette roche que nous avons déjà signalées dans les environs de Gouzon.

On quitte le chemin de fer à Vaussujean et on revient, en suivant jusqu'à L'Age-Pouret, la limite du granite. On s'assure ainsi que le panneau de granite de Crozant ne se continue pas à l'Ouest au-delà d'une ligne N. S. marquée à peu près par le ruisseau de L'Age-Pouret, Peumory, etc.

On revient par Le Theil et le chemin vicinal d'Azerables à Saint-Germain, à la station de Forgevieille, en ne rencontrant que le micaschiste pénétré par la pégmatite grenue.

Revenu de Forgevieille à La Souterraine.

* *

Le 20 décembre.

Le mauvais temps empêche de faire une course projetée ayant pour but de reconnaître les contours du granite de Vareilles et Basseneuil, et force de rentrer à Guéret.

* *

Le 31 décembre. — [*Du Chézeau (N. N.-O. de Saint-Sulpice-le-Dunois) à Guéret*].

Revenu du Chézeau (commune de Saint-Sulpice-le-Dunois) à Guéret, par La Celle-Dunoise, la rive gauche de la Creuse jusqu'à Anzème et la route d'Anzème à Guéret.

Le Chézeau est bâti sur un filon de pegmatite N. E. déjà

signalé, les schistes se montrant dans leur état normal à L'Age et Rousseau avec une direction E. O. et N. E.

Les schistes durent jusqu'au ruisseau qui se jette dans la Creuse, au-dessus de La Celle, sur la rive gauche de cette rivière. Là, l'altitude du sol s'élève d'une manière notable et brusquement et le sol est formé par une roche gneissique amphibolique ayant la plus grande analogie avec une syènite schisteuse. Cette roche n'est pas un accident, car elle se rencontre à Cessac, aux Granges, et dure jusqu'au ruisseau du Moulin du Guévigneau.

Là, cette roche fait place à une roche déjà bien souvent signalée ; c'est la roche rose granitoïde qui se rencontre au-dessus de Glénic et que nous avons assimilée, provisoirement du moins, à la grauwacke. Cette roche forme la rive gauche de la Creuse jusqu'à Anzême, où elle se retrouve encore. Son épaisseur n'est cependant pas très grande, car à Courtille on trouve déjà le gneiss ordinaire de la chaîne E. O.

En suivant la route d'Anzême à Guéret, on quitte notre grauwacke pour rencontrer le granite noir, puis un peu au-dessous de Montbut, des roches orientées N. 40° O. avec plongée au S.-O. appartenant manifestement à un terrain de transition. Il est bien à remarquer que ces roches s'alignent exactement, ou à peu près, avec le lambeau de transition observé à Glénic. Le lambeau de Montbut n'a pas, au reste, une grande épaisseur ; sa puissance ne dépasse pas une centaine de mètres. Les roches qui le composent sont une roche brune argileuse renfermant quelques petits cristaux blanchâtres terreux de feldspath, un grès gris à grains fins et arrondis, blanc, rosé ou verdâtre, une roche quartzeuse noire, une roche porphyrique verdâtre et compacte contenant des cristaux de feldspath. Ce terrain est enclavé dans le granite noir ; au mur on trouve, entre le granite et le terrain de transition, une pegmatite à grands éléments, ne contenant pas de mica.

Ensuite granite noir jusqu'à Guéret.

Guéret, le 9 février 1858.

L'Ingénieur des Mines,
Signé : E. MALLARD.

RÉSUMÉ

des Observations géologiques faites pendant l'année 1857 pour servir à la confection de la Carte géologique de la Creuse

Nous allons essayer de résumer, dans un ordre méthodique, toutes les observations consignées dans notre journal et d'indiquer les points élucidés ainsi que ceux qui devront faire l'objet d'explorations ultérieures.

MICASCHISTES

Le terrain de Micaschistes occupe une étendue fort considérable au Nord du département; il a pour limite méridionale une ligne à peu près droite allant de Saint-Agnand-de-Versillat à un point qui serait situé à un kilomètre environ de Boussac, et courant de l'E. 6° 1/2 N. à l'O. 6° 1/2 S.

Cette direction est exactement celle du système des Pays-Bas, rapportée à la cime du Maupuy par 46° 9' 26 de latitude Nord et 0° 30' de longitude Ouest. La rectitude si remarquable de cette ligne n'est interrompue que par un arc de cercle dont la flèche est très faible et dont la corde va de Châtelus-Malvaleix à Boussac à très peu près.

Les micaschistes sont en général très feldspathique; ils contiennent un mica le plus souvent verdâtre et qui forme de larges plaques contournées passant quelquefois au talc (1).

Ce mica se décompose facilement et prend ordinairement, par la décomposition, une teinte brune.

Très souvent, comme aux environs de Dun-le-Palleteau et

---

(1) Probablement de la séricite. [G. M.]

de Saint-Germain-Beaupré le mica est remplacé par de l'amphibole ; on a alors des schistes amphiboliques qui se décomposent avec la plus grande facilité et donnent une terre argileuse rouge, profonde, particulièrement propre à la culture des céréales.

Cette circonstance explique parfaitement la richesse agricole relative des cantons de Dun-le-Palleteau, La Souterraine, Bonnat et Châtelus-Malvaleix. La direction normale des micaschistes est très remarquablement constante, partout où des circonstances locales ne l'ont pas modifiée ; elle est, comme la direction de leur limite méridionale, comprise entre E. O. et E. 10° N. O. 10° S. Il est bien remarquable que cette direction soit aussi à très peu près celle de la limite qui la sépare, au Nord, des terrains secondaires.

Les accidents les plus fréquents dans les micaschistes sont ceux qui sont produits par la pegmatite. Cette pegmatite, dont il a été si souvent question dans notre journal, est une sorte de granite à petits grains dont le feldspath est blanc ou rose et contenant généralement très peu de mica noir. Une circonstance remarquable, c'est que ce mica est orienté et donne quelquefois à la roche, le plus souvent sur sa périphérie, une apparence schistoïde qui rend difficile de tracer exactement les limites de la pegmatite et du micaschiste. Cette circonstance s'explique facilement par une espèce d'injection de la pâte de la pegmatite entre les feuillets du micaschiste. Cette explication est certaine ; nous avons, en effet, observé dans les environs de Boussac un filon de pegmatite rosée qui se ramifie dans le micaschiste ; nous avons vu, de la manière la plus évidente, les panneaux de cette dernière roche, circonscrits par les veinules de pegmatite, être injectés par la matière de celle-ci qui se distingue fort nettement par sa couleur rosée.

La pegmatite court dans des directions très diverses à travers les micaschistes ; cependant les masses les plus considérables de cette roche, notamment celle que l'on observe entre les deux ruisseaux affluents de la Creuse, à gauche de la route de Dun-le-Palleteau à Aigurande, et qui paraît avoir imprimé à ces deux ruisseaux leur direction, sont orientées N. 45° E. environ.

Il y a encore une autre roche fréquente dans les micaschistes et qui présente quelques particularités remarquables, c'est l'amphibolite. Nous avons déjà parlé des schistes amphiboliques dans lesquels le mica est remplacé par l'amphibole ; mais on rencontre aussi dans le terrain de schistes, des roches amphiboliques fort différentes d'aspect et peut-être d'origine, sur lesquelles il est bon de dire quelques mots. Sur la rive droite de la Creuse, un peu après le Pont du Trou d'Enfer sur lequel passe la route de Dun-le-Palleteau à Aigurande, on trouve une roche presque exclusivement composée d'amphibole en petits cristaux informes, avec une pâte feldspathique. Cette roche compacte, dure, sonore et élastique sous le marteau n'est pas schisteuse ; mais ses éléments ont une sorte d'orientation. Elle forme des crêtes distinctes de celles qui les entourent, sans toutefois acquérir une altitude bien supérieure. On retrouve cette roche avec les mêmes caractères entre la Petite Creuse et Aigurande, en face le hameau de Châtelus. La direction de ces deux masses d'amphibolites ne paraît pas fort éloignée de la direction N. E. Il est remarquable que ces deux masses d'amphibolite se trouvent dans le voisinage de filons de pegmatite puissants. Nous avons déjà signalé le filon de pegmatite de Souvolles, du Chézeau, etc. ; ce filon N. E. pénètre dans l'amphibolite, et l'on trouve au milieu de cette roche, des filets de pegmatite ayant pénétré dans toutes les directions et qui, toujours décomposés, donnent un véritable kaolin. On sait, du reste, que c'est là la manière d'être du gisement de kaolin de Saint-Yrieix. Malheureusement, le kaolin du Pont du Trou de l'Enfer ne paraît être qu'en nids isolés qui ne sont pas susceptibles d'exploitation. Le voisinage de la pegmatite, l'antériorité certaine de l'amphibole par rapport à cette dernière roche, me portent à penser que c'est à l'injection de la pegmatite dans les schistes amphiboliques, si fréquents au milieu des micaschistes, que l'on doit l'apparence singulière que présentent, dans les divers endroits que nous avons cités, les roches amphiboliques.

On trouve encore, sur la limite des micaschistes et des gneiss, des roches amphiboliques particulières ; mais nous croyons devoir les rapporter aux gneiss et en renvoyer par conséquent la description pour le moment où nous ferons la description des gneiss.

Une des particularités les plus remarquables du micaschiste dans la contrée qui nous occupe, c'est de contenir des roches graphiteuses. On trouve à chaque instant, intercalées dans les micaschistes, des argiles noirâtres. Ces argiles noirâtres paraissent quelquefois stratifiées comme les micaschistes ; mais ordinairement les roches graphiteuses se rencontrent associées à des roches remplissant des failles évidentes. C'est ce qu'on observe très bien près du hameau de Montfargeaud sur la route de La Châtre à Genouillat, à peu de distance au Nord de cette localité. On y voit, au millieu des micaschistes, une faille ayant la forme représentée ci-contre.

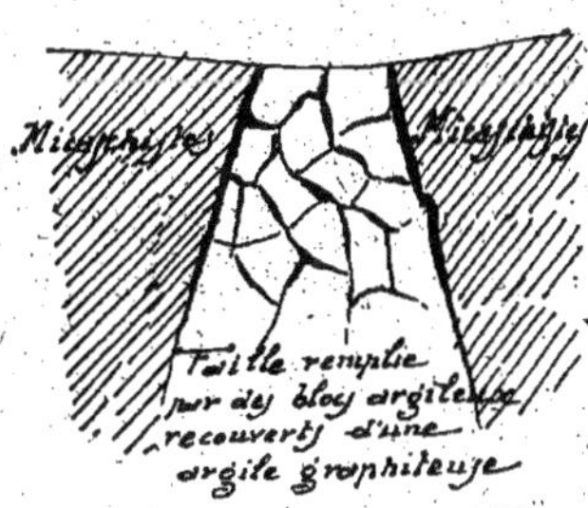

La faille est remplie par des blocs arrondis d'une roche argileuse ; ces blocs sont polis à la surface et enduits d'une argile noirâtre luisante ; une argile noirâtre terne sert, pour ainsi dire, de pâte à ce poudingue grossier. Des faits analogues s'observent aux Boissières où, de plus, on trouve, dans la faille, du spath fluor associé à une roche argileuse et verdâtre.

Le gîte du graphite d'Eguzon appartient à la même formation et il ne se distingue des précédents que par sa puissance qui est très considérable.

Au reste, on ne trouve pas l'argile noirâtre en filons seulement dans le micaschiste ; on la trouve en filons également dans la grauwacke (environs de Villerange et de Chambon) et à la limite des terrains de transition et du granite comme auprès de Pont-à-la-Dauge.

Dans les environs de Villerange, l'argile noirâtre est associée, comme aux Boissières, à une roche feldspathique verdâtre et à du spath-fluor. Je crois enfin que l'on doit rapporter à la même nature de gisement la plombagine de Chat-Cros près

4

Evaux, qui est en relation avec le terrain de transition, sans en faire, je crois, partie.

Ces faits me porteraient à penser que les fragments de graphite ou, plus exactement, d'argile graphiteuse que l'on rencontre dans tous les terrains de la Creuse et qui ont été et sont encore l'objet de recherches pour la houille, sont des débris, conservés dans des fentes du terrain primitif, d'un terrain anthracifère qui devait couvrir un assez grand espace et que les nombreuses dislocations du sol suivies de puissants courants diluviens ont presque partout fait disparaître.

GRANITE

Dans la Creuse, comme dans presque tous les pays où l'on a étudié les roches granitiques, on rencontre deux espèces de granite fort différentes. L'un de ces granites, fréquemment porphyroïde, contient exclusivement du mica noir, brun par transparence ; son feldspath est, pour la majeure partie, du feldspath du sixième système ; c'est le granite que nous avons indifféremment désigné dans notre journal par ces expressions, granite bleu (c'est le nom qu'il porte dans le pays), granite noir, granite à mica noir.

L'autre granite est composé en grande partie d'orthose ; il contient deux micas, le mica noir et le mica argentin ; il n'est presque jamais porphyroïde ; il passe presque toujours, d'une manière insensible, à des gneiss, lesquels passent eux-mêmes aux micaschistes. (1)

Nous allons étudier successivement ces deux espèces de granite.

Granite porphyroïde à mica noir. — Ce granite paraît jouer un très grand rôle dans la constitution géologique de la Creuse, dont il occupe presque toute la partie centrale ; c'est ce granite qui forme les hauteurs de Guéret, dont l'altitude la plus grande, parmi celles que l'on observe dans le nord et le centre du département atteint 686 mètres (cime du Maupuy). Ce granite, sur lequel repose le terrain houiller d'Ahun, paraît être une des plus anciennes roches ignées de la Creuse, quoiqu'on ne puisse probablement pas assigner une date

---

(1) Ce sont les granites que Fouqué et Michel-Lévy ont distingué plus tard sous les noms de granite et de granulite. [G. M.]

unique à l'éruption de toute sa masse. Les cimes des hauteurs formées de ce granite paraissent s'aligner en général vers le N. O. et c'est aussi cette direction qui paraît devoir être assignée à la masse principale qui formerait une bande de huit à neuf lieues de puissance traversant le département du N. O. au S. E.

Cette direction N. O. au S. E. se montre surtout dans la disposition de la chaîne du Maupuy et des Trois-Cornes ; elle paraît en relation avec le soulèvement du Morbihan dont la direction rapportée à la cime de Maupuy est N. 48° O. Toutefois la direction de cette chaîne remarquable concorde assez bien avec celle de la Creuse pour qu'on puisse croire qu'un même phénomène a produit la chaîne et la vallée ; or, la vallée est le résultat évident d'une faille remarquable par la constance de sa direction et dont la date est certainement postérieure au terrain houiller.

Il est d'ailleurs presque impossible de dire, d'une manière certaine, suivant quelle direction principale a surgi le granite à mica noir, avant d'avoir achevé complètement l'étude de cette roche. L'alignement des cimes qu'elle forme ne peut rien apprendre car son ancienneté certaine fait que l'on doit nécessairement y retrouver des directions appartenant à presque tous les systèmes.

Quant à la limite septentrionale de ce granite, nous en dirons quelques mots en parlant de l'autre espèce de granite, du granite à deux micas.

Granite à deux micas. — Ce granite a été trop souvent décrit pour que nous nous arrêtions longtemps à le faire ; un de ses caractères les plus apparents est de contenir du mica blanc en même temps que du mica noir ; un autre de ses caractères fondamentaux est d'être constamment associé à du gneiss et de la leptynite. Cette roche se retrouve avec une constance remarquable sur toute la limite méridionale des micaschistes ; elle sépare ceux-ci du granite à mica noir auquel elle est adossée.

Voici les principales circonstances de gisement présentées par cette roche. Ses limites sont indiquées très approximativement sur la petite carte que nous joignons à notre travail et qui en est, pour ainsi dire, le résumé le plus succint. On voit que le granite à deux micas forme une bande allongée E. O. environ et dont l'épaisseur va constamment en augmentant, depuis la Souterraine jusqu'aux environs de Toulx-Sainte-Croix et de Boussac où l'on trouve sa limite Est. Le point culminant de cette bande se trouve vers le millieu de sa plus grande puissance : c'est la cime sur laquelle est bâti le village celtique de Toulx-Sainte-Croix et dont la hauteur au-dessus du niveau de la mer est de 655ᵐ. La hauteur moyenne de la chaîne ne dépasse par beaucoup 500ᵐ.

Si l'on fait une coupe de la chaîne en marchant du Nord au Sud, voici comme on la trouve composée. On voit d'abord des gneiss rubanés avec gros cristaux d'orthose contournant les feuillets, passer pour ainsi dire au micaschiste ; la limite entre les micaschistes et les gneiss est toujours marquée par un changement brusque dans l'altitude du sol. On observe que l'orientation des feuillets de gneiss est, là où elle est la plus nette, dirigée toujours comme celle des feuillets du micaschiste, c'est-à-dire environ E. O.

A mesure que l'on s'avance, les gneiss perdent de plus en plus, par suite du développement des cristaux d'orthose, leur apparence schisteuse, et l'on tombe alors, généralement, dans la partie centrale et la plus élevée de la chaîne, sur un granite plus ou moins porphyroïde, mais presque toujours à gros grains.

On trouve dans ce granite des filons de leptynite grenue ne contenant que très peu de mica ; ce dernier est exclusivement argentin. Cette leptynite passe fréquemment au granite ; elle se montre de préférence sur le versant sud de la chaîne du côté où a lieu le contact avec le granite noir.

A l'extrémité Ouest de la chaîne, du côté de La Souterraine, on voit le granite noir en contact direct avec le granite à deux micas. Ces deux granites passent alors de l'un à l'autre par degrés presque insensibles. Au reste, la chaîne, dans cette partie, où son épaisseur est très faible, est presque exclusivement composée de gneiss.

Nous attachons aux gneiss du granite à deux micas diverses roches amphiboliques que l'on rencontre sur la limite des micaschistes et du granite, notamment dans les environs de Châtelus-Malvaleix et entre Le Bourg-d'Hem et La Celle-Dunoise, sur les rives de la Creuse. Au Nord de Châtelus-Malvaleix et Clugnat, on trouve, intercalés dans les gneiss, une roche composée uniquement de feldspath et d'amphibole lamelleuse. Cette roche qui donne, en se décomposant, une terre argileuse profonde, de couleur ocreuse, particulièrement propre par sa teneur en chaux, à la culture des céréales, laisse après cette décomposition, au milieu des champs des blocs assez gros qui résistent mieux à la décomposition et ressemblent de loin aux gros blocs de granite à mica noir que l'on voit épars dans les champs des environs de Guéret. Cette roche, qui ne paraît schistoïde qu'en certains endroits, pourrait être prise pour une diorite. Sa position sur le bord des gneiss et des micaschistes, sa relation avec des amphibolites décidément schisteuses me la fait associer aux gneiss.

Le granite à deux micas est regardé par la plupart des géologues comme une roche métamorphique, mais il semble que les circonstances que présente son gisement dans la Creuse sont particulièrement propres à venir à l'appui de cette opinion. Sa position en bande allongée d'une faible épaisseur entre le granite à mica noir, véritablement éruptif, et les micaschistes, son passage à cette dernière roche au moyen des gneiss ; le parallélisme de la bande granitique et de la direction des strates du micaschiste, l'identité de direction entre les strates du gneiss et les strates du micaschiste, sont autant de faits qui peuvent faire raisonnablement supposer, sans trop de hardiesse, que ce granite n'est dû qu'à une action métamorphique du granite à mica noir s'exerçant sur les schistes amphiboliques.

Granite à deux micas de Crozant, d'Aigurande, etc., ou granite tabulaire. — Le granite à deux micas ne se trouve pas seulement dans la bande Est-Ouest dont nous venons de nous occuper ; on retrouve aussi une roche granitoïde à deux micas en panneaux circonscrits, au milieu du micaschiste. Nous citerons principalement le panneau dont nous avons tracé le contour avec soin et qui est limité à peu près par les villages d'Eguzon, de Bazelat et de Lafat. Ce granite, sans avoir la

structure gneissique, forme cependant des strates assez nets ;
il se distingue du gneiss proprement dit par ce fait que les
éléments dont il se compose ne sont pas orientés. Il présente,
en outre, cette particularité remarquable, qu'il ne forme pas
de saillie au milieu des micaschistes. Quoiqu'il contienne
ordinairement deux micas, le mica argentin est rare. La
position spéciale de ce granite a une origine non éruptive ;
selon nous, c'est une roche de date fort ancienne, antérieure
au micaschiste lui-même et qui pouvait même former le fond
de la mer où le micaschiste s'est déposé. On pourrait même
imaginer avec quelque vraisemblance que cette roche a dû
entrer pour beaucoup dans la formation du granite de la
grande bande Est-Ouest. On conçoit en effet que, si le granite
de Crozant se trouve au-dessous du micaschiste, il a dû être
ramené au jour sur les flancs du granite à mica noir par suite
de l'éruption de cette roche et donner naissance à une roche
granitique, dans laquelle l'action métamorphique du granite
éruptif ne permet plus de reconnaître entièrement la roche
primitive.

Nous devons avouer cependant qu'un fait semble contredire
cette théorie. C'est la coupe consignée dans notre journal et
observée dans les environs d'Eguzon. On y voit le micaschiste
intercalé dans la roche granitoïde dont nous parlons ; mais
ce fait anormal pourrait bien être l'effet de quelque
bouleversement.

Nous avons signalé aussi, dans notre journal, l'existence du
granite à deux micas dans le voisinage d'Aigurande. Ce
panneau granitique qui paraît se rattacher à celui de Crozant
ne pénètre que très peu dans le département et nous ne
l'avons pas suffisamment étudié.

TERRAIN DE TRANSITION

Une des études géologiques les plus curieuses mais aussi
les plus difficiles à faire dans le département sera certainement
celle des terrains de transition que l'on y rencontre.

Le terrain de transition est représenté dans la Creuse par
une grauwacke feldspathique rappelant plus ou moins la

structure porphyroïde ou même granitoïde ; cette roche paraît recouvrir des espaces assez étendus si on les compare à ceux occupés par les autres roches de transition. Ces autres roches ne se montrent, en effet, que par lambeaux isolés. Il faut toutefois faire exception peut-être pour le terrain qui paraît s'étendre de Chambon-sur-Voueize à Evaux jusqu'à Fontanières et se continuer même dans l'Allier.

Le terrain de transition ne paraît pas s'étendre, au Nord, au-delà d'une ligne qui irait de l'Est à l'Ouest, de Chambonchard au Bourg-d'Hem, avec une orientation de O. 12° à 13° N. Nous ferons remarquer, en passant, combien cette orientation se rapproche du système des Ballons (O. 11° 21° N.). Il serait fort difficile de tracer la limite méridionale du terrain de transition ; nous avons fait remarquer, en effet, dans notre journal de tournées, qu'on trouve assez souvent la grauwacke sur les sommets des plateaux du granite bleu, formant un couronnement d'une très faible épaisseur. C'est en effet ce qu'on peut observer sur les plateaux qui forment la rive droite de la Creuse depuis le Moutier-d'Ahun jusqu'à Pionnat.

Nous devons aussi rappeler l'observation que nous avons faite du peu d'épaisseur de la grauwacke dans les carrières du Toureau près Gouzon où l'on voit le granite bleu former des pointements dans cette roche. Nous n'entendons pas cependant soutenir que le granite bleu a fait éruption après le dépôt de la grauwacke ; il se pourrait tout aussi bien que la grauwacke eut été détruite en partie à la suite de dislocations atteignant à la fois et le granite à mica noir et la grauwacke.

Nous avons dit que le terrain de transition était aussi représenté dans la Creuse par des lambeaux peu étendus composés de roches autres que la grauwacke plus ou moins porphyrique.

Celui que nous connaissons le mieux actuellement est le lambeau qui a sa plus grande largeur entre Ajain et Pont-à-la-Dauge et qui se continue jusqu'à Anzême. Ce lambeau se compose de schiste (noirâtre), de poudingue à pâte argileuse, à grains plus ou moins fins et passant à une sorte de grès, de quartzites noirâtres, etc. Il paraît limité, de part et d'autre, par des failles qui le séparent du granite à mica noir. Il est à remarquer que ce terrain de transition ne repose pas directement sur la grauwacke, quoique tout fasse présumer qu'il soit postérieur au dépôt de cette roche. Ceci ne peut s'expliquer qu'en admettant que la grauwacke était déjà disloquée lors du dépôt du terrain de transition de Glénic.

La faille qui limite le terrain au Sud-Ouest est exactement parallèle à la vallée de la Creuse ; sa direction est N. 40° O. Il est remarquable que dans cette faille on trouve de l'argile noirâtre charbonneuse. Cette circonstance pourrait peut-être faire admettre que des couches anthraciteuses faisaient partie du terrain de transition avant sa dislocation.

Cette faille, où des failles parallèles paraissent aussi avoir donné passage à des roches ignées très remarquables. Nous avons signalé près de Glénic une roche pétrosiliceuse verdâtre contenant des veinules et des amas de quartz blanc carié, associé à du spath-fluor et ayant visiblement empâté des fragments de la roche de transition qui se trouve au contact.

Une roche à peu près semblable a été observée par nous, associée à des argiles noirâtres, dans une faille également N. O. située sur les bords de la Creuse au N. O. de Chantemille. Enfin, c'est par une faille parallèle que paraît être sorti le porphyre noir qui recouvre une partie du terrain houiller de Fourneaux.

Il paraît donc certain que la conservation des terrains de transition de Glénic est due à une faille dont la direction paraît être N. 40" O., c'est-à-dire parallèle à la direction moyenne de la Creuse depuis le Bourg-d'Hem jusqu'à Aubusson. Cette faille, qui a évidemment donné naissance à la vallée elle-même, a donné passage à des roches feldspathiques remarquables qui ne paraissent pas avoir donné lieu à des phénomènes calorifiques considérables (contact du porphyre noir avec le terrain houiller). L'époque de cette grande faille est certainement postérieure au terrain houiller dont elle forme la limite Nord-Est ; son âge pourra, peut-être, être fixé d'une manière précise par l'examen géologique des environs de Saint-Benoît-du-Sault. Les auteurs de la Carte Géologique de France indiquent en effet, en cet endroit, une pointe de granite due à une faille N. O. qui paraît à peu près dans le prolongement de la vallée de la Creuse.

Cette faille parait atteindre à la fois le trias et les premières assises du terrain Jurassique.

Nous rappellerons, en outre, que nous avons signalé un lambeau de terrain de transition supérieur sur les bords du Verraux, non loin de Domeirot.

Quant au terrain de transition, signalé par nous dans les environs de Chambon, il doit être étudié en même temps que le terrain de transition d'Evaux si nettement caractérisé par des calcaires et peut-être même par des fossiles.

L'étude des terrains houillers de la Creuse a été faite d'une manière approfondie par M. Grüner, qui doit bientôt publier le résultat de ses travaux. Nous n'avons donc qu'à attendre avec impatience cette publication qui sera pour nous d'un grand secours.

ROCHES DIVERSES

Nous n'avons pas l'intention de nous livrer ici à une étude approfondie du sol géologique de la Creuse ; nous nous contenterons donc de rappeler les diverses roches formant des masses peu importantes et que nous avons rencontrées dans nos courses.

Nous citerons, en première ligne, cette roche à laquelle nous avons donné le nom d'argilophyre et qui est composée d'une pâte feldspathique un peu grenue, ordinairement rouge brun ou verdâtre par décomposition. Cette pâte contient quelques petits cristaux rares de feldspath et des grains cristallins de quartz hyalin. Cette roche forme de très nombreux filons dans la partie Sud-Est du département ; nous l'avons signalée en filons de direction O. un peu N. dans les environs de Gouzon et Parsac ; nous l'avons retrouvée entre Bazelat et Saint-Sébastien dans les tranchées du chemin de fer, formant un puissant filon très décomposé, au milieu du granite de cette localité (granite tabulaire à deux micas de Crozant).

Un autre porphyre est celui que nous avons signalé entre Bazelat et Saint-Sébastien, dans les tranchées du chemin de fer, aux Portes près Gouzon, au pied de la montagne des Trois Cornes près de Saint-Vaury, etc. Cette roche est composée d'une pâte demi-cristalline fedspathique brune par décomposition, contenant des cristaux plus nets, mais encore imparfaits, d'un feldspath également brun ; elle renferme pas ou peu de quartz.

Nous signalerons encore les fréquents et puissants filons de quartz blanc signalés en plusieurs lieux (Roches, Jarnages, Pierre-Blanche, environs de Bazelat, Domeyrot, etc., etc.). Ce quartz, d'un blanc laiteux, contient une matière stéatiteuse verdâtre formant des noyaux et remplissant des cavités au milieu de la masse quartzeuse.

Un des filons les plus remarquables formés par cette roche est celui qui va de Jarnages à Pierre-Blanche (embranchement de la route d'Ajain à Gouzon et de Châtelus-Malvaleix à Jarnages) et se continue peut-être sur Roches. La direction de ce filon qui a, à Pierre-Blanche et à Jarnages, 10 mètres au moins de puissance, est N. 25° à 30° O.

Nous avons déjà parlé de la pegmatite, de la granulite, etc., roches qu'il faut rattacher au granite.

TERRAIN TERTIAIRE

Le terrain tertiaire est représenté dans la Creuse par le petit bassin auquel on a donné le nom de bassin de Gouzon, quoique Gouzon soit placé sur sa limite Sud-Ouest. Ce bassin a une étendue fort restreinte ; il est composé d'argile grasse recouverte par une alluvion moderne qui recouvre en même temps et le terrain tertiaire et la grauwacke, et qui paraît, du reste, avoir été formée aux dépens de cette dernière roche.

Des recherches, faites à diverses époques, y ont fait découvrir la présence en quantité plus ou moins considérable de marnes et de gypses. Nous avons nous-même constaté l'existence d'amas calcaires de fort peu d'importance, il est vrai, dans de petites cuvettes situées sur les bords de la grande cuvette tertiaire et remplies d'argile comme celle-ci. Les amas calcaires se rencontrent alors entre l'argile et la roche primitive qui fait le fond de la cuvette.

Nous venons d'indiquer rapidement les quelques faits

géologiques que nos courses nous ont mis à même de constater dans le courant de 1857. Notre travail est encore loin de sa fin, mais il nous semble que le peu que nous avons fait permet de voir dès.à présent que le département de la Creuse, si complètement inconnu jusqu'à ce jour au point de vue géologique, n'est pas plus qu'un autre cependant, dépourvu d'intérêt pour le géologue.

Nous comptons faire, pendant l'année 1858, notre étude spéciale de la partie Est du département et des terrains de transition qui y paraissent développés sur une assez grande échelle. Nous nous proposons également de consacrer quelques-unes de nos courses à l'étude des accidents que présentent les terrains triasiques et jurassiques qui forment dans l'Indre la limite septentrionale des terrains primitifs de la Creuse. L'étude de ces accidents et l'étude des terrains de transition sont de la plus haute importance pour arriver à connaître, de la manière la plus approximative possible, l'âge des nombreuses et profondes dislocations qui ont bouleversé, depuis les époques géologiques les plus reculées, le sol Creusois.

Guéret, le 10 février 1858.

L'Ingénieur des Mines,

Signé : E. MALLARD.

JOURNAL

des Observations géologiques faites pendant le courant de l'année 1858

Le 15 mai. — *De Guéret à Savennes par la route de Limoges et les Bois de la Ville ; Sainte-Feyre et retour à Guéret par la route d'Ahun.*

A Guéret, granite à mica noir à grains moyens ; sur la route de Limoges, filons de granulite à grains fins, renfermant un peu de mica blanc. On remarque, sur cette route, la décomposition du granite à mica noir, formant des arènes et laissant des blocs arrondis isolés. Filons très fréquents de granite à grands éléments renfermant presque toujours de la tourmaline, mais très peu de mica blanc. Cette sorte de pegmatite paraît avoir été l'agent de la décomposition du granite ; c'est dans le voisinage de ses filons que cette décomposition est surtout remarquable. Mêmes observations jusqu'à Savennes ; dans les bois, cependant, on trouve, au milieu du granite, des filons de quartz noir. A Sainte-Feyre, on observe de nombreux filons de pegmatite courant dans toutes les directions. Outre la pegmatite à grands éléments, on trouve, dans une connexité assez grande, une sorte de granulite souvent rosée par décomposition, renfermant des paillettes nombreuses de mica argentin et de mica gris de fer, et contenant très fréquemment de la tourmaline.

Près de Sainte-Feyre, on trouve encore une roche en apparence dissemblable, mais qui ne doit pas probablement être séparée de la précédente. C'est une sorte de granulite renfermant quelques lamelles rares de mica argentin disséminées ; la roche est en outre comme tachetée par des rognons noirâtres dus à une accumulation de petits cristaux microscopiques de tourmaline.

Près de Villedard, on trouve, en filon dans le granite à mica
noir, une leptynite ou granulite à grains très fins, de couleur
blanche et ayant une structure schisteuse ; la schistosité est
indiquée par de petites aiguilles de tourmaline qui sont
couchées suivant le sens de cette schistosité ; on distingue
aussi dans la roche de rares et microscopiques cristaux
de grenat.

En face Le Courct, on trouve, au milieu du granite, des roches
schistoïdes imprégnées de calcaire blanchâtre ; ces roches
verdâtres n'ont pas de cassures vraies, tant elles sont fissurées.
On doit probablement les ranger dans la catégorie des roches
métamorphiques.

*
* *

Le 16 mai. — *De Guéret au Mouchetard par la route de
La Souterraine et retour à Guéret par le Masodoueix,
Montbut et la route de Bénévent.*

Vers le moulin de L'Age, le granite à mica noir se charge
d'une matière verte en gros cristaux, qui paraît se rattacher
à la pinite ou à la paranthine (1). Le mica brun devient moins
abondant. Fréquents filons de pegmatite dans le granite. On
doit remarquer surtout un filon près de Chamilioux, formé
par de la pegmatite graphique, qui peut être regardé comme
un échantillon type de ce genre de roche. Entre Chamilioux et
Montlevade, on trouve un weisstein (2) contenant, disséminés,
de la tourmaline en très petits cristaux et des grenats rouges
en cristaux assez abondants mais microscopiques.

Entre Montlevade et le Mouchetard et au Mouchetard même,
porphyre quartzifère renfermant des cristaux d'orthose
rougeâtre, des cristaux de quartz bipyramidés, quelques
lamelles de micas et de cristaux d'une substance verdâtre
évidemment décomposée, se rayant le plus souvent à l'ongle,
et qui doit probablement être rapportée à la pinite.

L'orientation de ce filon mesurée sur la carte d'après les

---

(1) Scapolite ou Wernérite — Silicates d'alumine et de chaux avec
alcalis. [G. M.].

(2) Granulite ou leptynite [G. M.].

affleurements connus est O. N.-O. Ce filon paraît être identique
à un filon signalé l'année dernière au pied de la montagne dite
les Trois Cornes de Saint-Vaury.

Entre la route et Masodoueix, le granite à mica noir fait
place à une roche gneissoïde contenant du mica blanc en petite
quantité. Cette roche persiste jusqu'à la route de Bénévent, où
l'on retrouve le granite à mica noir ordinaire à peu près en
face du moulin de Monteil. Les hauteurs du Maupuy sont
occupées par un semblable granite, mais les flancs de cette
montagne, remarquable par son altitude et sa nudité, sont
criblés par des filons de granulite, pegmatite, etc.

Près de Guéret, au point de rencontre de l'ancienne et de la
nouvelle route de Bénévent, on trouve une roche assez
remarquable qui paraît se trouver là en filon. C'est une roche
granitoïde à grains très serrés, contenant du feldspath blanc
lamelleux et du feldspath, rougeâtre par décomposition,
portant quelquefois les stries caractéristiques du feldspath
du 6me système. Le quartz y est en grains amorphes,
quelquefois assez gros ; le mica se trouve en petites lamelles
tantôt argentines, tantôt brunes ; le mica brun se trouve
ordinairement engagé dans une matière vert foncé qui se raie
par l'acier et qui paraît identique avec la matière verte que
nous avons signalée dans le granite du moulin de L'Age. Cette
roche passe à une roche compacte (1) dans laquelle les éléments
sont plus distincts et où l'on ne voit plus que des taches
verdâtres se fondant dans une pâte légèrement rosée. On
retrouve le granite à matière verte du moulin de L'Age au
pied de Grancher.

Cette matière verte se retrouve encore dans les veinules de
pegmatite qui pénètrent le granite ordinaire et qui renferment
fréquemment de la tourmaline.

Le granite au pied de la montagne de Grancher, exploité
près de l'étang de Courtille pour le pavage de la ville,
est un granite renfermant peu de mica brun, où je n'ai

---

(1) Il s'agit peut-être de la roche que dans sa légende Mallard désigne
sous le nom de terrain granitoïde métamorphique [G. M.].

pas constaté la présence de l'anorthose (feldspath du 6me système) et où l'on trouve cette matière verte que nous avons déjà signalée.

*
* *

Le 17 mai. — *De Guéret à Mouchetard, de Mouchetard à Saint-Sulpice-le-Guérétois, Saint-Fiel, Valette, Glénic et retour à Guéret par Cherdemont, Bellevue et la route de Moulins.*

Granite à mica noir passant fréquemment au gneiss jusqu'à Glénic ; près de Glénic, la matière verte que nous avons rapportée à la pinite prédomine dans le granite. Près de Valette, on trouve au milieu du granite, mais probablement en relation avec les roches de transition signalées à Glénic, un filon de porphyre quartzifère ; ce porphyre compacte renferme des cristaux de quartz et des paillettes de mica noir assez abondantes. Direction N. 30° E.

Les roches de transition de Glénic, signalées l'année dernière, sont l'objet de nouvelles recherches ; elles renferment une sorte de poudingue à gros galets, qui paraît avoir beaucoup de rapports avec le poudingue du terrain houiller d'Ahun. On trouve dans ces galets une roche à ciment verdâtre qui paraît avoir été empruntée à un terrain de transition ; on retrouve des galets analogues dans le terrain houiller d'Ahun. On trouve aussi parmi les roches de Glénic une sorte de roche à structure gneissoïde essentiellement formée d'une pâte verdâtre avec quelques cristaux de feldspath et un peu de quartz ; c'est cette roche qui est pénétrée par le filon de quartz dont nous avons déjà parlé l'année dernière.

Ce quartz compacte, légèrement verdâtre, pousse des ramifications dans la roche en tous les sens. La roche, verdâtre elle-même, est traversée par des veinules de quartz hyalin. On trouve aussi, dans le même endroit, des masses de quartz blanc laiteux renfermant des géodes où l'on trouve des cristaux de quartz et des cristaux rhomboédriques de carbonate de fer. Nous avons déjà signalé, dans ce filon, la présence du spath-fluor. Enfin, au contact de ce filon, on trouve une roche argileuse pénétrée également par le quartz et qui paraît représenter les schistes argileux dont nous connaissons l'existence dans le terrain de transition des environs d'Evaux.

Près de Cherdemont, terrain couvert par de l'argile. A Bellevue, filons de pegmatite réunissant toutes les différentes variétés que nous proposons d'englober sous ce nom générique et qui ont pour caractère commun de renfermer du mica blanc, de la tourmaline et du grenat.

Près de Guéret, on retrouve dans le granite, la pinite vert foncé.

*
* *

Le 21 août. — *De la station de Fromental au Grand-Bourg.*

A la station, micaschiste avec filon de pegmatite dans le sens de la stratification qui est N. 57° O. Les filons de pegmatite deviennent de plus en plus fréquents et les micaschistes s'imprègnent de plus en plus de la matière feldspathique ; on trouve des filons puissants de granite à deux micas à très gros grains, en relation avec de véritables gneiss caractérisés par leur structure et par ce mica gris de fer si particulier à cette roche. On assiste ainsi à la transition entre les micaschistes, les gneiss et ce qu'on peut appeler le granite à deux micas, quoique ce granite ne doive peut-être pas être séparé du gneiss. A partir du bois de Chabannes, on ne trouve plus que ce granite à deux micas très décomposé dans lequel se trouvent de nombreux filons de pegmatite grenue. On doit remarquer que dans ce granite le mica blanc est peu abondant.

A Saint-Pierre-de-Fursac, on trouve un granite qu'au premier abord on pourrait prendre pour du granite à mica noir ; le mica blanc y est, en effet, assez rare ; l'anorthose (feldspath du 6ᵐᵉ système) y est fréquente ; cependant ce granite conserve encore le mica blanc caractéristique, et il a, quelquefois, la structure gneissique.

Cependant, à partir de Saint-Pierre-de-Fursac, on trouve des roches granitoïdes renfermant de l'anorthose et très peu de mica blanc. Mais un fait très remarquable, c'est que ces roches, sans être schistoïdes, n'ont pas cependant leurs éléments disposés dans un ordre aussi confus que le granite ordinaire ; et, au premier aspect, on découvre dans la cassure une orientation grossière de ces éléments. On est donc conduit à ranger ces roches parmi les gneiss.

* *

Le 22 août. — *Du Grand-Bourg à Guéret.*

Le granite gneissoïde que nous avons signalé comme occupant l'espace compris entre Fursac et Le Grand-Bourg passe à une sorte de gneiss particulier et fort semblable à celui qui fait la transition entre les micaschistes de Fromental et le granite-gneiss de Chabannes. Cette roche est surtout bien remarquable près du Masgelier. C'est une roche schisteuse en grand et formée par des veinules de granulite entremêlées avec des veinules de mica argentin et gris de fer; le mica forme souvent même des espèces de nodules et la roche prend alors l'aspect d'une sorte de poudingue. Il faut ajouter que cette roche est traversée par des filons puissants, mais sans direction déterminée, d'une pegmatite à gros éléments. L'ensemble de ce terrain donne l'idée d'un terrain schisteux intimement pénétré par de la granulite injectée à un état très fluide (1).

A la séparation de ce terrain et du terrain de granite gneissoïde, on trouve, dans des espèces de filons, un ensemble de roches particulières dans lesquelles on pourrait, avec quelque apparence, voir les lambeaux d'un terrain de transition ; ce sont des roches généralement formées par une pâte verdâtre au milieu de laquelle on trouve des grains irréguliers de quartz et même des nodules qui paraissent empruntés aux schistes-granulites inférieurs.

Au nord de Langlard, sur les rives de la Gartempe, puissant filon de quartz entièrement analogue à ceux que nous avons signalés l'année dernière à Jarnages, à Pierre-Blanche, etc. Ce filon paraît orienté au N.-O. Il est exploité pour l'entretien de la route.

---

(1) C'est le terrain que plus tard (légende de la carte géologique de la Haute-Vienne) Mallard a appelé terrain métamorphique d'origine incertaine (M). [G. M.].

A peu près en face du village de Masbrenier, le terrain change et l'on trouve un granite gneissoïde contenant de l'anorthose et du mica presque exclusivement noir. Cette roche est entièrement analogue à celle que nous avons signalée entre Fursac et Le Grand-Bourg.

Ce n'est guère qu'après La Brionne que l'on trouve le granite ordinaire à éléments confusément groupés.

Du reste, il faut remarquer que si les nuances que nous nous attachons à signaler dans la physionomie des roches ordinairement groupées sous les noms génériques de gneiss et de granite, si ces nuances, dis-je, sont bien sensibles sur des types convenablement choisis, elles se succèdent cependant avec des transitions généralement si douces qu'on ne sait le plus souvent où poser la limite précise.

Remarquer l'apparence très bouleversée des terrains du pied de la montagne du Maupuy dont le relief et l'orientation régulière sont si remarquables que l'on serait tenté d'attribuer la production de cette montagne à une faille ou à un système de failles parallèles.

Le 29 août. — *De Gouzon à Ahun par Chénérailles.*

A Gouzon, on visite de nouveau la carrière des Toureaux ouverte près le village de Chez Auvers pour l'entretien de la route. On avait donné, dans notre journal de l'an dernier, à la roche que l'on observe dans cette carrière, le nom de grauwacke. Cette roche est compacte; elle ressemble au premier abord au granite à mica noir; mais un examen plus sérieux éloigne cette idée ; elle est formée par une pâte indistinctement lamelleuse au milieu de laquelle se fondent des cristaux de feldspath qui paraissent être tous ou presque tous du 6me système cristallin. Le quartz n'y est pas très abondant et fréquemment, peut-être toujours, cristallin. Quant au mica, il diffère beaucoup du mica du granite; il est noir comme ce dernier, mais il forme dans la roche de petits amas où le mica en lamelles microscopiques brille dans toutes les directions, de sorte que ces petits amas paraissent, au premier abord, comme grenus. Les lamelles de mica un peu larges sont rares. On trouve au milieu de ces paquets de mica, de la pyrite de fer. Cette roche est abondante aux environs de Gouzon; nous l'avons retrouvée notamment près de Parsac. Elle pourrait bien représenter ce que M. Grüner a désigné sous le nom de porphyre granitoïde. Mais je n'en puis juger par la courte description qu'en a donnée M. Dufrénoy, d'après M. Grüner, dans l'explication de la carte géologique de France.

Le terrain est occupé jùsqu'aux Peyroux par une roche granitoïde décomposée que l'on peut à peine observer, recouverte qu'elle est par une couche argileuse.

Après le ruisseau des Peyroux, on voit à nu une roche granitoïde formée de feldspath rouge, d'un peu de quartz et de mica verdâtre se rapprochant du talc. Cette roche se brise en fragments pseudo-morphiques ; elle me paraît due à un métamorphisme particulier ; c'est pour cela que dans le journal de l'an dernier, je lui avais donné le nom de grauwacke; mais ce nom paraît impropre. Les roches granitoïdes ordinaires, à mica bronzé, apparaissent à peu près à la hauteur de Peyroux-Vieux et ne s'interrompent plus.

Cependant, dans la déclivité qui descend à la Creuse, on observe des faits intéressants. Le granite dont les bancs affectent, en cet endroit, une certaine stratification, se charge de cette matière verte particulière que nous avons déjà signalée à Pont-à-l'Evêque, et dans les environs de Guéret. Le granite à mica noir ordinaire paraît aussi pénétré par un granite à plus grandes parties que l'on pourrait rattacher à la pegmatite et qui se fait remarquer par l'abondance de la matière verte dont nous avons parlé.

On observe également dans le granite, un filon quartzeux à salbandes argileuses. Ce filon est composé d'une masse quartzeuse pénétrée par des géodes, des cristaux de feldspath et une matière stéatiteuse verdâtre. D'abondants noyaux de pyrite en décomposition colorent la roche. Ce filon paraît avoir la même orientation que le cours de la Creuse.

En descendant, on trouve le terrain houiller, puis, de l'autre côté de la rivière, le conglomérat qui lui sert de base. On recueille de nombreux échantillons des galets volumineux qui forment ce poudingue. La comparaison de ces échantillons avec les roches diverses de la contrée est à peu près la seule indication que l'on puisse espérer de recueillir, dans la plupart des cas, sur l'âge relatif de ces roches.

Le terrain houiller repose sur le granite à mica noir que l'on observe à Ahun.

* *

Le 3 septembre. — *De Guéret à Pionnat par Pont-à-l'Evêque, à Vigeville et retour à Guéret.*

On trouve le granite à mica noir jusqu'à La Teirade environ ; là, dans la rampe qui conduit à la Creuse, on voit, au milieu du granite, des filons nombreux et puissants de pegmatite à grands éléments contenant abondamment cette matière vert foncé que nous rattachons à la pinite, ou peut-être à la paranthine. Cette matière se rencontre aussi dans le granite.

Plus près de la Creuse, on trouve, en relation avec la pegmatite au Sud et séparée du granite au Nord par une faille N. 40° O., une roche schistoïde, se brisant en fragments pseudo-réguliers, et formée par du feldspath, du quartz assez abondant et du mica verdâtre. Cette roche se retrouve de l'autre côté de la Creuse. Avant Pionnat, elle fait place à un granite gneissoïde analogue à celui de Fursac, de Masbrenier, etc. Cette roche dure jusqu'à Vigeville.

* *

Le 4 septembre. — *De Guéret à Evaux par la voiture publique.*

Le 5 septembre. — *D'Evaux à Chambonchard.*

Le chemin de l'établissement des bains à Evaux est occupé par un terrain particulier qui paraît former une transition entre les gneiss et les terrains de transition. Ce terrain est formé par des schistes rubanés et tous les plans de séparation sont cannelés. Ces schistes sont essentiellement composés de feldspath cristallin ; le quartz et surtout le mica y sont peu abondants ; le mica que l'on y trouve est du mica verdâtre passant au talc. Les strates de ce terrain sont dirigés à peu près E. O. en moyenne.

Près de l'établissement des bains, un filon de quartz blanc laiteux, de direction N. O. environ, traverse ce terrain.

Le terrain de schistes feldspathiques cesse à Evaux même,

et, dès que l'on a traversé la ville, on trouve le gneiss granitoïde
à mica noir. Mais on peut observer des transitions entre les
deux terrains.

Le terrain de schistes feldspathiques apparaît de nouveau
sur la route de Chambonchard, un peu après le ruisseau que
l'on trouve après avoir passé Evaux.

A Valette, on trouve des roches noires compactes, qui
apparaissent entre des schistes compactes.

Entre Le Theix et Le Cher, reparaît le gneiss granitoïde.

Le 6 septembre. — *D'Evaux à Fontanières, de Fontanières
aux Ecures, des Ecures à la route de Château-sur-Cher et
retour à Evaux.*

Le terrain est presque entièrement recouvert par une
alluvion argileuse à peu près jusqu'au Fresse.

Au Fresse, on trouve un filon de porphyre quartzifère au
milieu du gneiss. Le gneiss cède la place aux roches du terrain
de transition, entre Le Fresse et Le Breuil. Au Breuil, la route
est traversée par des filons de porphyre quartzifère. Ce
porphyre paraît avoir subi une décomposition qui se traduit
par la présence, dans l'intérieur de la pâte grise, de petites
géodes tapissées par une matière ocreuse. Ces géodes paraissent
dues à la décomposition des cristaux de feldspath, dont on
distingue la couleur blanche sur la couleur grise de la pâte,
lorsque la décomposition est moins avancée.

Entre Le Breuil et Fontanières, on trouve des roches
ambigües qui paraissent devoir être rapportées, les unes au
terrain de transition, les autres au porphyre quartzifère.

Parmi les premières, on peut citer une roche formée par
une pâte feldspathique verdâtre au milieu de laquelle sont
disséminées de nombreuses lamelles de mica vert ; une autre
roche qui paraît compacte dans les échantillons non décomposés,
et que la décomposition montre être une sorte de poudingue à
petits grains. Le porphyre quartzifère bien caractérisé se trouve
à huit cents mètres environ avant Fontanières ; il passe
insensiblement à une roche qui ne se distingue du porphyre
que par des fragments arrondis verdâtres qu'elle contient et

qui doivent la faire considérer comme un grès de transition. Ce grès est visible dans les fossés de la route, à quelques mètres de Fontanières.

Sur la rive droite de la route, entre Le Breuil et Fontanières, sur les bords de la petite vallée qui s'étend parallèlement à la route, on trouve un véritable gneiss granitoïde à mica noir, qui limite de ce côté le terrain de transition.

De Fontanières, on suit le chemin qui descend au Sagnat. A une roche de nature douteuse et qu'on croit devoir être rapportée au gneiss, succède une roche grenue, contenant des grains de quartz, des fragments d'une matière verte et des cristaux de feldspath plus ou moins altérés. Cette roche est certainement un grès de transition ; au milieu de ce grès, se trouve une couche de schiste argileux verdâtre, contenant quelques empreintes charbonneuses et sur laquelle a été ouverte une recherche dont on voit encore les déblais accumulés dans un champ, sur la rive droite du chemin, à peu près en face Les Ecures.

Près des Ecures, porphyre quartzifère identique à celui de Fontanières. Le terrain est couvert par une alluvion argileuse des Ecures jusqu'au ruisseau qui suit la route d'Evaux à Château-sur-Cher. Cependant les morceaux de roches épars à la surface font soupçonner que, dans tout ce parcours, on ne quitte pas les terrains de transition. On les retrouve, en effet, dans les tranchées de la route de Château-sur-Cher ; mais l'obscurité empêche de les étudier dans ce nouveau gisement et l'on revient à Evaux.

*
* *

Le 7 septembre. — *D'Evaux à Sannat par la route de Mainsat et retour à Evaux par Montfrialoux, Courbanges et Bord-la-Roche.*

D'Evaux au Chat-Cros, on trouve le gneiss avec pegmatite grenue, granité à grains fins, etc. Un peu après le ruisseau, commence le terrain de transition caractérisé principalement par des couches argileuses au milieu desquelles se trouvent des filets charbonneux. Les couches de ce terrain ont une direction un peu incertaine mais qui se rapproche de la direction E. O.

Au terrain de transition, succède, à partir d'un point situé à deux cents ou trois cents mètres avant la limite des communes de Saint-Julien-la-Genête et Sannat, le porphyre quartzifère. Ce porphyre très analogue à celui que nous avons déjà signalé en plusieurs autres endroits, notamment au Breuil sur la route d'Auzances, forme à partir de ce point jusqu'aux Fayes, en quelque sorte, la masse du terrain ; on suit évidemment un filon ou un ensemble de filons porphyriques N. S.

A Sannat, on trouve le gneiss granitoïde à mica noir que l'on suit de Sannat à Montfrialoux. Ce gneiss qui ressemble beaucoup, sauf la structure, au granite à mica noir, contient des parties où le mica est remplacé par une matière verdâtre, formant des espèces de veinules, et où la masse entière prend l'apparence d'un grès.

Le plateau de Montfrialoux est couvert par une argile alluvionnelle recouverte par ce qu'on appelle dans le pays, le *pain de loup*. C'est un sable grossier aggloméré par un ciment ferrugineux et manganésifère.

En descendant au ruisseau de Courbanges, on retrouve le gneiss granitoïde. On remarque, au milieu de ce gneiss, du calcaire en lamelles courbes très blanches, formant souvent, au milieu de la roche, des paquets d'une certaine grosseur. L'argile alluvionnelle reparaît, sur le plateau, de l'autre côté du ruisseau. A Bord-la-Roche, on retrouve le porphyre quartzifère se rapprochant beaucoup du porphyre grenu du Puy-Haut, près Gouzon.

Au porphyre, succède le gneiss pénétré par de la pegmatite à tourmaline. C'est le gneiss qui forme les bords escarpés et pittoresques du ruisseau du Chat-Cros. Ses strates sont dirigées E. 6° à 10° N.

***

Le 8 septembre. — *D'Evaux à Saint-Julien-la-Genête. Exploration du terrain de transition des rives du Chat-Cros et du ruisseau de Chaumazelle.*

Gneiss depuis Evaux jusqu'à trois cents ou quatre cents mètres après Saint-Julien-la-Genête. Les strates du gneiss après Saint-Julien-la-Genête sont dirigées N. 50° O. A ces gneis succèdent les terrains de transition qui en sont séparés par une faille visible dans le chemin qui descend de Saint-Julien-la-Genête au Chat-Cros. Les terrains de transition, en cet endroit, sont formés par une roche verdâtre analogue à celles que nous avons plusieurs fois signalées, notamment dans notre dernière course, sur la route de Sannat. On visite les déblais d'un puits foncé par M. Picaud pour la recherche d'un gisement de combustible ; ce puits est situé sur la rive gauche du ruisseau de Chaumazelle à cinquante ou soixante mètres de ce ruisseau et à cent mètres du confluent de ce ruisseau avec le Chat-Cros. Les déblais sont formés principalement par un grès compacte verdâtre, renfermant des lamelles calcaires, et sur lequel on voit distinctement des empreintes de plantes fossiles, notamment de calamites.

Les derniers déblais provenant du fond du puits consistent en une roche euritique, verdâtre, qui paraît être un grès imprégné de grains brillants de pyrite. Des argiles noirâtres sont visibles dans une tranchée ouverte sur les bords mêmes du ruisseau.

Le puits de M. Picaud a été fait à peu près sur l'emplacement d'anciennes recherches dont M. Furgaud rapporte ainsi le résultat dans un rapport au Conseil général, du 28 juillet 1839 :

« La stratification du terrain se dirige de l'Est à l'Ouest de « la boussole (nous n'avons pu vérifier ce point) et son « inclinaison du Nord au Sud est de 48°.

« Les couches traversées sont :

« Un banc de grès verdâtre mélangé de parties charbonneuses « et renfermant des pyrites cubiques. . . . . , ... $8^m,08$

« Un banc de grès jaunâtre, mêlé de serpentine et « de calcaire. . . . . $0^m,75$

« Un banc de schiste gris et noir avec rognons « d'anthracite d'un noir métalloïde tachant les doigts « et de rognons de chaux, carbonatée, blanche, « lamellaire. . . . . $1^m,82$

« Un banc de grès verdâtre mêlé de serpentine . . . . $5^m,35$

$\overline{\qquad\qquad}$

$16^m,00$

Le combustible retiré du puits, d'ailleurs en petite quantité, est une anthracite très impure et n'ayant comme combustible aucune importance.

Quant à la serpentine dont parle M. Furgaud, il veut parler probablement de la matière argileuse verdâtre qui est un des éléments du grès. Cette matière ne nous paraît pas devoir être rapportée à la serpentine.

A peu de distance du puits de M. Picaud, sur les rives du Chat-Cros, on trouve le porphyre quartzifère. Ce porphyre se retrouve sur les rives de ce ruisseau en remontant jusqu'au confluent du ruisseau du Pré. Ce porphyre, entièrement analogue en général à celui que nous avons signalé, est composé d'une pâte feldspathique grisâtre sur laquelle se voient des cristaux de quartz et quelques lamelles de mica foncé. Cependant, on remarque, au même endroit, un porphyre qui présente un aspect tout différent. Il est formé d'une pâte compacte d'un vert gris foncé, sur laquelle tranchent de beaux cristaux d'orthose blanc, quelques lamelles de mica vert et de rares grains de quartz qui ne paraissent pas cristallins. Ce porphyre, est peut-être un porphyre plus moderne que le porphyre quartzifère ordinaire, et qui le traverse ; cependant comme ces deux porphyres passent l'un à l'autre, on croit pouvoir les assimiler.

Au-dessus de ces porphyres, à peu près en face l'embouchure du ruisseau du Pré, on observe un gisement calcaire qui a été exploité pendant quelque temps pour la fabrication de la chaux et qui présente beaucoup d'intérêt. Ce calcaire est noir, présentant des filons de calcaire lamelleux blanc ; je n'ai pu y voir de fossiles. Sa stratification ne présente rien de régulier ; il a été évidemment très bouleversé par une action postérieure à son dépôt. Les porphyres avec lesquels il se trouve en relation intime sont évidemment les agents de ce bouleversement. Malgré le désordre que présente ce gisement, le calcaire paraît stratifié Est-Ouest environ et incliné du Nord au Sud ; il est en relation avec une argile verte qui paraît former le mur, avec des schistes argileux de couleur ocreuse qui paraissent former le toit. Aux schistes, succède une roche porphyroïde micacée contenant des lamelles calcaires. Les schistes ocreux que l'on trouve en relation avec les calcaires se retrouvent encore à l'Ouest sur le prolongement d'une ligne orientée O. 10° N..environ. Cette circonstance montre la vraie stratification du terrain.

Enfin, en continuant à marcher à l'Ouest, on tombe sur les porphyres quartzifères.

En revenant sur ses pas et repassant le Chat-Cros en face du gisement calcaire, on retrouve à peu de distance, sur la rive droite, les gneiss granitoïdes.

On ne retrouve les terrains de transition que près de Chaumazelle ; ils cessent sur la rive droite du ruisseau de ce nom. On retrouve sur cette rive droite, à une vingtaine de mètres du ruisseau, un affleurement charbonneux en tout semblable à celui qui a motivé les recherches de M. Picaud.

L'alignement de ces deux affleurements montre que la stratification du terrain est en cet endroit N. 53° O. environ. On doit remarquer que l'affleurement charbonneux que nous avons signalé dans notre dernière course sur la route de Mainsat se trouve justement sur le prolongement de cet alignement.

Le 9 septembre. — *D'Evaux à Etivaux, Baillier-le-Franc, Chambonchard, Château-sur-Cher et retour à Evaux.*

D'Evaux à Etivaux et à Baillier-le-Franc, schistes feldspathiques peu micacés, à surface cannelée, souvent compactes et affectant alors une apparence porphyroïde. Ces schistes blancs ou gris sont généralement contournés ; ils offrent des directions variées ; les plus communes sont E. 40° N., E. 10° à 20° N., O. 10° N., N. 20° O.

Près de Baillier-le-Franc les schistes passent à une granulite schisteuse à mica argentin, de direction E. 10° à 20° N. Cette granulite fait place, à Baillier-le-Franc, à un gneiss granitoïde à mica noir pénétré par de fréquents filons de granulite pegmatite. Ces gneiss granitoïdes avec granulite se retrouvent de Baillier-le-Franc au moulin de La Ribe. Entre ce moulin et l'embouchure du ruisseau de Valette avec le Cher, on retrouve les schistes feldspathiques. Près de Valette, ils passent au gneiss en se chargeant de mica ; ils contiennent alors une substance verte, tendre, en tout analogue à celle que nous avons signalée dans certains granites. A Chambonchard, on retrouve les schistes feldspathiques ; un fait assez curieux, c'est que l'on trouve des cristaux de gypse assez abondants sur la colline qui domine Chambonchard et dans les terres que les orages font descendre. Cette colline est, du reste, couverte par une couche argileuse qui paraît alluvionnelle et qui recouvre tous les plateaux des environs d'Evaux.

Dans le bois qui est au sud de Chambonchard, on observe un filon de porphyre qui couvre le sol de ses débris décomposés.

Le gneiss succède avant Le Prat, aux schistes feldspathiques.

La hauteur de Montchabrol est formée par un filon de quartz ou d'une matière ocreuse due à la décomposition. On doit observer que près des bains d'Evaux, on remarque, dans le schiste, des filons de quartz très analogues à celui-là et ayant aussi une direction N. O.

De Montchabrol à Château-sur-Cher, on trouve des schistes feldspathiques alternant avec des gneiss. A partir du moulin des Signolles, on trouve, dans les tranchées de la route, des roches dont plusieurs appartiennent évidemment à un terrain de transition.

On rencontre d'abord une roche porphyroïde assez analogue à celles que nous avons déjà assimilées au porphyre granitoïde du Forez ; cette roche passe à une grauwacke, roche noirâtre sur laquelle tranchent quelques cristaux verdâtres d'oligoclase. Puis vient un grès noirâtre pyritifère, à grains très fins, auquel succède une sorte de poudingue à grains fins dont la pâte est argileuse et verdâtre. A cette roche, succède un schiste argileux, verdâtre, compacte, qui rappelle celui que nous avons signalé près du Sagnat et qui est dirigé à peu près vers le Nord-Est. Après cette ardoise, on observe un vrai poudingue argileux à grains moyens qui est remplacé par des schistes noirs très brouillés et au milieu desquels on croit distinguer des empreintes végétales mal distinctes ; puis vient un grès grisâtre à grains fins, une sorte de grès à grains verdâtres et de véritables quartzites noirâtres à grains très fins et schisteux ;

sur ces grès pyritifères d'ailleurs, se montrent des empreintes qui rappellent des empreintes végétales ; leurs bancs sont dirigés E. N.-E. A ces grès succèdent des grauwackes analogues à celles que nous avons déjà signalées et renfermant des lamelles calcaires. On trouve, enfin, en cet endroit, une roche porphyrique et bréchiforme rappelant tout à fait la roche que nous avons signalée près de Fontanières et qui sert de transition entre le poudingue et le porphyre quartzifère. Toutes ces roches de transition font place au gneiss à mica noir un peu avant Combaudet.

Le 10 septembre. — *D'Evaux à Chaumazelle, Les Périchoux, Frédeval, Le Drux et retour à Evaux.*

On quitte le gneiss granitoïde avec leptynite à deux cents ou trois cents mètres avant le ruisseau de Chaumaselle ; on rencontre alors un terrain de grès noirs qui fait le pendant exact de celui qu'on a déjà rencontré sur les bords de ce ruisseau. De l'autre côté du ruisseau, on trouve, avec des grès noirs, des argiles charbonneuses qui paraissent répondre aux divers affleurements déjà signalés dans une position analogue. Le sommet du plateau est couvert par une argile alluvionnelle ; et ce n'est guère qu'en face des Périchoux que l'on observe un porphyre quartzifère remarquable par l'absence presque entière de pâte et par l'abondance et la netteté des cristaux bipyramidés de quartz. Ce porphyre pénètre, en cet endroit, au milieu du gneiss granitoïde qui ne présente rien de particulier qu'un peu après Reterre où il est pénétré par un filon d'eurite porphyroïde.

Les roches de transition caractérisées par des roches feldspathiques verdâtres et des grauwackes porphyroïdes à pâte noire et cristaux d'oligloclase reparaissent à Chaumeix, Fontaube, Lagarde. Les grauwackes porphyroïdes se distinguent mal d'une roche que l'on croit pouvoir rapporter au porphyre granitoïde et qui pénètre tout le terrain. C'est probablement à l'injection de ce porphyre que l'on doit le métamorphisme de la grauwacke.

Aux Ecures, on retrouve le porphyre quartzifère déjà signalé en cet endroit, perçant une roche métamorphisée, argileuse et verdâtre qui est habituelle à tous les terrains anciens. A partir des Ecures, le terrain est couvert par une alluvion argilo-sableuse entremêlée de fragments de roches de transition. A Frédeval, des deux côtés du ruisseau, le rocher se montre à nu ; il consiste en une roche à pâte feldspathique verdâtre, pénétrée par du mica vert très abondant et qui, au premier abord, semble constituer toute la roche. Nous avons déjà signalé une roche entièrement analogue sur la route d'Evaux à Fontanières, entre Le Breuil et Fontanières.

Après le ruisseau de Frédeval et en se dirigeant sur Le Breuil le plateau est aussi recouvert d'une argile alluvionnelle qui ne permet pas de deviner la nature du sous-sol.

On va visiter l'emplacement des anciens travaux ouverts sur le filon d'antimoine du Drux. Ces travaux se trouvent à cinquante ou soixante mètres du village ; ils ont consisté en un puits dont on voit encore les déblais. Il paraît, d'après les souvenirs d'un vieillard du village, que ces travaux datent de soixante-dix à quatre-vingts ans ; ils ont été continués pendant cinq ans environ. Le filon, principalement quartzeux, est orienté à peu près N. 20° O.

Entre Le Drux et Le Breuil se trouvent des roches noires où l'on a fait quelques fouilles, probablement pour rechercher le combustible.

Le ruisseau de Chaumazelle, depuis Le Drux jusqu'à la hauteur du Fresse, coule sur des roches noires, sur des grès verts qui appartiennent évidemment au terrain dans lequel ont été ouvertes les recherches de M. Picaud.

* *

Le 11 septembre. — *D'Evaux à Chambon et retour à Guéret.*

D'Evaux au moulin de Daulaut, la route est occupée par les schistes feldspathiques cannelés que nous avons plusieurs fois signalés. Ces schistes sont formés presque entièrement de feldspath cristallin ; les feuillets irréguliers ont leurs surfaces couvertes de fines cannelures ; parallèlement aux feuillets courent des veines d'un très mince enduit talqueux verdâtre.

Au milieu de ces schistes, on voit souvent de véritables couches d'un pétrosilex gris très dur et très compacte. Les schistes sont dirigés, dans la pente qui descend au moulin de Daulaut E. O. environ.

Des roches ambigües, plus ou moins compactes, mais toujours presque entièrement composées de feldspath cristallin plus ou moins mélangé de mica verdâtre, durent depuis Daulaut jusque près de Chambon. Elles sont pénétrées, en plusieurs endroits, par une roche porphyroïde grise ou rosée, formée par une pâte grenue, sur laquelle tranchent quelques cristaux de feldspath et quelques grains de quartz. On rapporte cette roche au porphyre quartzifère du Puy-Haut et des environs de Gouzon. Retour à Guéret.

**Remarque sur les observations précédentes
relatives à la géologie des environs d'Evaux.**

On voit, par les observations que nous venons de rapporter, jour par jour, que les environs d'Evaux sont occupés par trois terrains essentiellement différents :

1° Les terrains de gneiss ;

2° Les terrains des schistes feldspathiques dus à une action métamorphique ;

3° Les terrains de transition proprement dits caractérisés par des couches ardoisières ou calcaires, par des grès et même par des couches de combustible accompagnées de fossiles végétaux.

Ces terrains sont, du reste, percés par de très nombreux filons de roches ignées, quartzeuses ou porphyriques.

Terrains de gneiss. — Les terrains de gneiss occupent, autour d'Evaux, la majeure partie de la surface du sol ; ces gneiss que l'on peut qualifier le plus souvent de granitoïdes passent même en quelques points à une roche que l'on ne saurait qu'à peine distinguer du granite. Cependant, en quelques endroits, ces gneiss ont une structure nettement gneissique et l'on peut prendre alors leur orientation.

On trouve alors des directions fort variables ; c'est ainsi qu'à Saint-Julien-la-Genête, près de la limite des terrains de transition, les gneiss sont orientés N. 50° O. environ ; que près de Bord-la-Roche, leur direction est E. 6° à 10° N., à Baillier-le-Franc, de E. 10° à 20° N. ; à Dorgues, plus au Nord, de N. 20° E. ; à La Chassagne, près de Château-sur-Cher, de O. 32° N. ; près d'Evaux de E. 10° N. En somme deux directions principales prédominent ; E. 10° à 20° N. et O. 30° à 40° N.

Les gneiss sont traversés par de très nombreux filons de granulite dont l'orientation est le plus souvent fort difficile à observer. Nous citerons cependant un filon de granulite près de Bailler-le-Franc, dirigé .... ; un autre sur les bords du Cher, au hameau du moulin de La Ribe, O. 10° N.

Les gneiss passent souvent à une leptynite schisteuse ; ce phénomène s'observe presque constamment au contact du terrain de transition qui s'étend parallèlement à la route d'Evaux à Fontanières, sur les bords du ruisseau de Chaumaselle.

Terrain de schistes feldspathiques. — Le terrain de schistes feldspathiques. occupe, au milieu des gneiss, une bande dirigée O. 10° N. environ et d'un peu plus de deux kilomètres de largeur. Les deux limites Nord et Sud de cette bande sont à peu près parallèles ; la limite Sud passe par Evaux ; la limite Nord un peu au Sud du village de Baillier-le-Franc.

Ce terrain est occupé par des schistes composés presque exclusivement de feldspath cristallin. Les feuillets de ce schiste sont cannelés et couverts d'un léger enduit talqueux. Cet enduit peut augmenter d'épaisseur et les schistes passent au gneiss. Souvent aussi la roche n'a plus l'apparence schisteuse et paraît composée presque uniquement de pétrosilex ; lorsque la roche, perdant la structure schisteuse, le feldspath conserve encore sa cristallinité, on a une roche porphyroïde d'aspect.

Les feuillets de ce schiste ont des directions très variées. Celles qui prédominent sont les directions E. 10° N., E. 40° N., O. 10° N.

C'est au milieu de ces schistes que sourdent les eaux minérales d'Evaux. Près de ces sources, les schistes ont une direction qui varie entre O. 10° N. et E. 10° N.; ils sont traversés par un filon de quartz qui se ramifie entre les feuillets et possède une direction N. O. environ.

Terrain de transition proprement dit. — Les terrains de transition proprement dits n'occupent qu'un espace fort restreint; mais leur importance géologique est fort grande surtout à cause des rares apparitions que font, dans la Creuse, les terrains stratifiés.

Si l'on jette les yeux sur l'esquisse ci-jointe dont l'exactitude est assez grande, parce que nos observations ont été notées sur un décalque du plan cadastral d'assemblage à l'échelle de $\frac{1}{10.000}$ et réduites ensuite à l'échelle de l'Etat-Major (1), on s'apercevra que les terrains de transition forment, au milieu des gneiss, deux lambeaux à peu près complètement séparés par les porphyres du Breuil et la bande de gneiss qui s'étend parallèlement à la route d'Evaux à Fontanières.

Occupons-nous d'abord du lambeau le plus oriental, celui qui s'étend entre la route de Fontanières et celle de Château-sur-Cher. La route de Château-sur-Cher donne une bonne coupe de ce terrain et nous l'avons rapportée plus haut. On a vu que ce terrain consistait principalement en couches de grès quartzites plus ou moins noirâtres et pyritifères, en couches ardoisières, en grauwackes passant au porphyre granitoïde qui paraît avoir été l'agent de leur métamorphisme. Une des roches les plus remarquables de ce terrain, est la couche des schistes argileux endurcis et en tout semblables à des schistes ardoisiers. Or ces schistes se retrouvent non seulement sur la route de Château-sur-Cher, mais nous les avons observés encore près du Sagnat, et enfin M. Furgaud signale des recherches faites pour le combustible au point marqué L, entre les villages de Tallet et de Fourneleix; or ces recherches ont précisément rencontré des couches entièrement

---

(1) Nous donnons ci-contre la reproduction de cette esquisse, légèrement réduite et qui n'est plus par suite, à l'échelle de la carte de l'Etat-major. Des signes conventionnels ont été substitués aux couleurs qui, sur l'esquisse de Mallard, différencient les divers terrains.

Géologie des environs d'Évaux.

analogues à celles de la route de Château-sur-Cher et à celles du Sagnat ; d'après cela, la stratification générale du lambeau de transition qui nous occupe est E. 40° N. environ. Les schistes du Sagnat plongent vers l'Est.

Un fait remarquable que présentent les roches comprises dans le lambeau de transition qui nous occupe, c'est de contenir des grauwackes porphyroïdes entièrement analogues à celles que l'on retrouve en plusieurs autres points du département dans des lambeaux encore plus bouleversés que celui qui nous occupe ici. Ces grauwackes se retrouvent sur la route de Château-sur-Cher, ainsi qu'à Fontaube, Lagarde, Chaumeix, etc.

Le lambeau de transition qui s'étend à l'Ouest de la route de Fontanières, entre cette route et celle de Mainsat, a une allure toute différente. Il est composé de grès noirs et verts renfermant des traces charbonneuses et des fossiles végétaux notamment des calamites ; il est caractérisé par un affleurement d'argile charbonneuse qui a motivé, à diverses époques, des recherches pour combustible. L'affleurement charbonneux suit une direction N. 50° O. environ, parallèle à la direction du ruisseau de Chaumaselle sur les bords duquel il se montre, et parallèle aussi à la limite de ce terrain d'avec les gneiss.

La direction des strates de ce terrain, dans le voisinage de cette limite, est aussi N. 50° O. environ. Ce terrain est percé par de très nombreux filons de porphyre quartzifère. C'est ainsi que l'on en trouve au confluent du ruisseau du Chat-Cros et du ruisseau de Chaumaselle, où ils apparaissent au milieu des terrains stratifiés ; au Breuil, aux Périchoux, près de Fontanières, aux Rieux, où ils forment la limite du terrain.

Au milieu de ce lambeau caractérisé par la présence d'un affleurement de combustible, se remarque, près de l'embouchure du Chat-Cros et du ruisseau du Pré, en contact avec un filon puissant de porphyre quartzifère, un amas calcaire qui n'a d'analogue nulle part ailleurs dans le pays ; cet amas de calcaire noirâtre et du reste fort impur, est en contact avec une roche porphyroïde à mica verdâtre et à noyaux calcaires, qu'on peut assimiler à une grauwacke, et avec un schiste argileux compacte qui rappelle celui que nous avons signalé dans le premier lambeau étudié par nous. Divers affleurements de ce schiste situés suivant une ligne O. 10° N. montrent, par cette direction insolite, que ce lambeau n'appartient pas au lambeau N. 50° O. caractérisé par l'affleurement charbonneux. Doit-on assimiler ce terrain à celui du lambeau N. 50° E. avec lequel il a de l'analogie par la présence de la grauwacke et du schiste argileux; doit-on au contraire y voir les restes d'un terrain de formation distincte ? Nous n'essaierons pas de résoudre cette question, quoique nous penchions pour cette dernière opinion.

Quoi qu'il en soit, on doit remarquer que, des trois directions que nous retrouvons dans nos terrains de transition, O. 30° à 40° N., E. 30° à 40° N., O. 10° N., les deux dernières caractérisent deux systèmes de montagne, celui des Ballons (O. 10° N.) et celui du Westmoreland et de Hundsrück (E. 36° N.). Les deux systèmes caractérisent habituellement le dévonien et le carbonifère.

Quant à la direction O. 30° à 40° N., elle est très remarquable car elle est fortement empreinte dans le sol de la Creuse ; nous avons déjà rencontré l'année dernière sur les bords de la Creuse entre Pont-à-la-Dauge et Glénic des affleurements charbonneux ayant cette direction ; cette direction est aussi celle d'un lambeau de terrain avec traces charbonneuses qui se trouve sur les bords du Verraux près de Domeyrot ; le terrain houiller d'Ahun est orienté suivant cette direction qui est aussi celle de la faille, remarquable par sa longueur, dans laquelle la Creuse s'est frayé son lit.

Enfin, c'est aussi suivant cette direction qu'a eu lieu la grande brisure qui a donné naissance à la chaîne du Maupuy si remarquable par l'accentuation de son relief. Nous venons de voir enfin cette direction affecter à la fois un terrain dont les fossiles et les roches ont une grande analogie avec le terrain houiller et les strates de gneiss sur lesquels s'appuie ce terrain. Il me semble probable que le sol de la Creuse a été, à différentes reprises, affecté par des bouleversements N. O. C'est ainsi par exemple qu'on pourrait admettre que le granite du Maupuy, le gneiss de Saint-Julien-la-Genête, ont été affectés par le soulèvement du Morbihan O. 41° N. et que les terrains stratifiés suivant cette direction y ont été amenés par le soulèvement du Thüringerwald O. 32° N. dont la puissance a dû être d'autant plus grande dans la Creuse qu'il n'avait pour ainsi dire qu'à amplifier les accidents produits par le soulèvement antérieur.

Alluvions. — Un terrain qui a une certaine importance dans la contrée dont nous nous occupons, c'est le terrain d'alluvion ; ce terrain occupe constamment le sommet des plateaux. Il consiste en une argile sablonneuse dont l'épaisseur est très variable, mais est ordinairement assez faible. Cette argile renferme quelquefois des cristaux de gypse ainsi que nous l'avons remarqué dans celle qui couronne le plateau de Chambonchard. Plus souvent encore, elle est endurcie à sa surface par un ciment ferrugineux et manganésifère qui agglutine les grains de sable de l'argile et en fait une masse très irrégulière à laquelle, dans le pays, on donne le nom de *Pain de loup.* Ce « pain de loup » s'observe en bien d'autres endroits que dans les environs d'Evaux ; nous l'avons signalé l'année dernière comme recouvrant le terrain tertiaire de Gouzon et presque tous les terrains anciens qui le bordent.

Le 7 octobre. — *De Guéret à Bénévent-l'Abbaye.*

Granite à mica noir très fendillé et très bouleversé sur le penchant Sud-Ouest de la chaîne du Maupuy, jusqu'à l'embranchement de l'ancienne et de la nouvelle route. Là commence le gneiss caractérisé par la structure et la présence du mica blanc argentin en grande quantité. A ce gneiss à deux micas succède, près Rebeyras, un micaschiste-granulite identique à celui que nous avons signalé près de Masgelier entre Le Grand-Bourg et Guéret. Au milieu de ce terrain, apparaissent, sur les rives de la Gartempe, une couche compacte grenue, granitoïde, avec mica verdâtre empâtant des galets empruntés à la granulite. Ces roches sont identiques à celles que nous avons signalées dans une position semblable entre Langlard et Masgelier et que nous avons rapportées à un terrain de transition fort ancien.

Près de la Gartempe, on observe aussi, dans le micaschiste-granulite des filons superficiels, imprégnés d'oxyde de manganèse noir et terreux.

Entre Montaigut et Le Monteil reparaît le gneiss granitoïde à deux micas qui fait place, à peu près en face les étangs du Monteil, à un granite à mica noir renfermant de beaux cristaux d'oligoclase. Ce granite est percé par des filons de granulite. Le granite noir dure jusqu'à Bénévent-l'Abbaye ; près de cette localité, on observe, dans le granite, cette matière verte que nous avons signalée dans le granite de Guéret qui a, du reste, avec le granite de Bénévent-l'Abbaye la plus complète analogie.

*
* *

Le 8 Octobre. — *De Bénévent-l'Abbaye à Laurière.*

Granite à mica noir jusqu'à un point situé un peu avant le moulin de Daveix. Là, le granite fait place à un micaschiste talqueux très bouleversé (1) et dont les strates paraissent orientées O. 10° N.

La côte qui succède au ruisseau du moulin de Daveix est occupée par une roche schisteuse très analogue à la roche que nous avons déjà désignée sous le nom de micaschiste-granulite et que nous avons plusieurs fois signalée ; seulement là, la partie feldspathique est décomposée et forme des espèces de géodes, irrégulières, plus ou moins remplies par une argile rouge. Le sommet de la côte est occupé par du granite à gros éléments, contenant du mica argentin et du mica gris de fer. Les schistes rouges occupent l'autre versant. Cet exemple paraît bien justifier l'origine que nous avons donnée aux micaschistes-granulites ; nous voyons ici fort nettement ce terrain soulevé et traversé par un puissant filon de granite à mica blanc que nous associons à la pegmatite.

Entre le Petit et le Grand Baugirand, on remarque un puissant filon de pegmatite à très grands éléments, sans mica, et dont les beaux cristaux d'orthose ont été exploités récemment pour la fabrication de l'émail des porcelaines de Limoges.

---

(1) C'est en effet le passage d'une grande fracture. [G. M.].

À partir de ce point, les roches deviennent de plus en plus schisteuses et passent au micaschiste bien caractérisé. Au milieu de ces micaschistes, se trouvent des schistes presque entièrement privés de mica et ayant une direction N. S. Les micaschistes que l'on rencontre jusqu'à Laurière sont tous dirigés O. 10° N. ou 50° N.

Le 9 octobre. — *De Laurière à Fursac.*

Micaschiste O. 40° à 50° N., O. 10° N. et N. S. ; la première direction paraît être la plus habituelle ; cependant il est remarquable que toutes les directions que l'on observe se coordonnent autour de ces trois dernières.

Un peu avant d'arriver à Paulhac, on trouve une roche granitoïde empâtant très visiblement des fragments de micaschiste (1) et qui, à Paulhac même, fait place à un véritable granite. Ce granite ressemble beaucoup, au premier abord, au granite à mica noir ; il s'en distingue cependant, d'abord en ce qu'il contient une moins grande quantité de mica, ensuite parce qu'une partie, petite à la vérité, de ce mica est du mica argentin ou gris de fer. On doit remarquer, du reste, que Paulhac et ses environs, sont plus élevés que le reste de la contrée.

Près de Paulhac on trouve, dans un granite désagrégé, des veinules très minces de quartz accompagné de tourmaline. Ces veinules sont dirigées N. 40° O. et N. 20° O. ; elles se coupent sans se déranger. On trouve aussi un filon d'une roche verdâtre décomposée de 0ᵐ,10 d'épaisseur, et ayant une direction E. 34° N.

On remarque l'analogie que présentent, soit par leur composition, soit par leur direction, les veinules de quartz que nous venons de signaler avec les veinules de quartz stannifère de Vaury.

Le granite de Paulhac n'est pas lui-même sans analogie avec celui que l'on a trouvé en relation avec les filons de granite est évidemment en filon au milieu du granite à deux stannifères dans les puits de Cieux. Or, en cet endroit, ce

---

(1) Passage de la fracture déjà signalée au moulin de Daveix. [G. M.]

micas. Après Paulhac, on ne trouve plus qu'un granite
désagrégé ayant une structure gneissoïde. Le gneiss à deux
micas bien caractérisé apparaît dans la rampe qui descend
à Fursac.

Le 10 octobre. — *De Fursac à La Souterraine.*

Nous avons déjà dit qu'à Fursac même, on trouvait un
granite différent du granite à mica noir, malgré les analogies
qu'il possède avec ce dernier. Ce granite ressemble beaucoup
à celui de Paulhac ; il est du reste en relation avec le granite à
deux micas bien caractérisé qui se trouve, d'un côté, au Sud
de Fursac, où nous l'avons déjà signalé, de l'autre au hameau
situé à peu de distance du village. Au milieu du granite à deux
micas, en face la Tuilerie de Mailletard, on voit un filon de
porphyre qui coupe la route ; ce porphyre est un porphyre
quartzifère à pâte gris-brun, et contenant une grande quantité
de cristaux de pinite qui entrent évidemment d'une manière
normale dans sa composition. Les cristaux isolés que l'on
trouve dans le porphyre décomposé ont une couleur vert
sombre ; ils sont très tendres et ont la forme cylindroïde
habituelle à la pinite ; ils portent même généralement la macle
caractéristique de cette espèce. Dans le porphyre non décomposé,
les cristaux de pinite ont une couleur vert olive ; la cassure
est esquilleuse et cliveuse ; ces cristaux sont rayés par une
pointe d'acier.

Filon de porphyre
de Mailletard

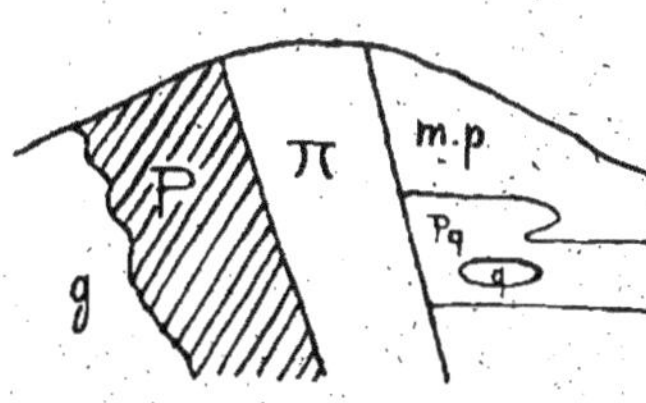

π — Porphyre quarzifère
P — Pegmatite à grands éléments.
Pq — Filon de pegmatite
avec veines quar-
zeuses.

g — Granite à deux
micas.
m.p — Micaschistes peg-
matite, Roche schis-
toïde empatée par la
granulite ou pegmatite

Les tranchées de la route
donnent la coupe ci-jointe. Le
filon de porphyre a une puissance de 13^m ; il est dirigé
N. 44° E. avec une faible
plongée vers le N.-O.

La roche au contact du
filon de porphyre, et que
nous avons marquée, dans
la coupe ci-jointe de la
lettre *m. p.*, est cette roche
bréchiforme qui paraît due à
une pénétration dans la roche
schisteuse de la granulite

ou de la pegmatite, roche que nous avons déjà plusieurs fois signalée sous le nom de micaschiste-granulite. Cette roche est, du reste, en cet endroit, comme presque toujours, très décomposée. On voit, au milieu de cette roche, des filons de pegmatite grenue avec mica blanc et tourmaline ; l'un deux notamment, près de Cros, a une orientation N. 37° O.

Un peu après Cros, à la roche que nous venons de décrire, succède une roche granitoïde dont les blocs sont épars dans les champs ; cette roche est grenue, à grains moyens ; elle contient beaucoup de mica dont la plus grande partie, presque la totalité, est noire ; cependant on y voit quelques lamelles de mica blanc, beaucoup de quartz grenu et un peu d'anorthose.

Au milieu de ce granite ou d'un granite analogue fort décomposé, on voit, près de L'Age-au-Choux, un filon de porphyre identique à celui de la Tuilerie de Mailletard et ayant une direction à peu près parallèle, quoique tirant un peu plus sur le Nord. Près de là, on voit, dans le granite décomposé, des filons bien caractérisés de granite à deux micas.

Près de Nuy, on observe, à gauche de la route, un filon de granite à deux micas ; à droite de la route, le sol est jonché de gros blocs d'un granite contenant de grands cristaux mêlés d'orthose, de gros grains de quartz un peu laiteux et simplement translucides, du mica noir très abondant, foncé pour la plus grande partie, avec quelques lamelles de mica blanc. Souvent le mica blanc est, pour ainsi dire, accolé au mica noir et ne forme avec lui qu'un même cristal. Ce que ce granite a de plus remarquable, c'est le grand développement que peuvent atteindre les cristaux d'orthose ; on en trouve de 0^m,10 de longueur. Ce granite ne me paraît pas devoir se distinguer de celui de Paulhac. Il accompagne jusqu'à La Souterraine, et est fréquemment, dans cet intervalle, pénétré par de la pegmatite.

* *

Le 12 octobre. — *D'Eguzon à La Souterraine, par Chantôme et La Chapelle-Baloue.*

Micaschiste N. 45° E. depuis Eguzon ; on trouve dans le lit de la Creuse, près d'Eguzon, des micaschistes grenatifères en contact avec des schistes amphiboliques. Les micaschistes sont très décomposés à la surface. Sur la rive droite du ruisseau de Vaussujean (ruisseau de La Clavière), les micaschistes passent à une roche tabulaire compacte, presque entièrement feldspathique et dont les strates sont dirigées N. 45° E., comme tous les feuillets de micaschiste depuis Gargilesse. Sur la rive gauche du ruisseau, on trouve des schistes amphiboliques ; à mi-côte, on trouve une sorte de gneiss très peu micacé passant à un gneiss à deux micas très bien caractérisé ; celui-ci est très décomposé, et le mica, foncé, a un aspect terne et sans reflets. Ce gneiss dure jusqu'à La Chapelle-Baloüe ; les gneiss perdent leur structure et passent à un vrai granite à deux micas bien caractérisé, à Bazelat.

De Bazelat à L'Age-du-Mont, Mandrezat, Aubepierre, micaschistes ; à L'Age-du-Mont, le micaschiste est dirigé E. 20° à 30° N.

Au-dessus d'Aubepierre, on trouve, au milieu du granite, un filon de quartz blanc dirigé N. O. environ. Le granite à mica blanc qui commence un peu au-dessus d'Aubepierre, se rencontre aux Sauvages, à La Terrade, à Essouby ; les micaschistes reparaissent à vingt ou trente mètres au-dessous du village d'Essouby ; ils y ont une direction E. 8° N. environ.

On suit la limite du granite et du micaschiste depuis Essouby jusqu'à La Couillière par Le Petit-Courret bâti sur le granite.

Retour à La Souterraine par l'obscurité.

* * *

Le 13 octobre. — *De La Souterraine au Dognon (par la route du Dorat), du Dognon à Ruffec (par la route Imp[le] n° 20) et de Ruffec à La Souterraine.*

A La Souterraine, granite décomposé analogue à celui que nous avons trouvé et décrit sur la route de Fursac ; ce granite est traversé par quelques filons de granite à deux micas ; on voit notamment de pareils filons en face du Chausset et à Saint-Maurice.

À quatre kilomètres environ de La Souterraine, le granite prend une structure gneissique assez caractérisée.

Après Saint-Maurice, près de La Vallade, on trouve un filon puissant d'une roche assez analogue à la pegmatite, formée par du quartz cristallin, du feldspath lamellaire rosé ; on trouve aussi, au milieu de la roche, des rognons assez abondants d'une matière stéatiteuse vert clair et des géodes tapissées par des cristaux de quartz. Ce filon est séparé de la roche encaissante par une salbande argileuse ; il est exploité pour l'empierrement de la route ; sa direction est N. 10° E. environ.

À La Vallade, on trouve un gneiss très net à grands cristaux de feldspath avec mica foncé ; le granite gneissoïde à deux micas coupe cette roche. Le gneiss à mica foncé forme de gros blocs tabulaires épars dans les champs. Il passe près du Grand Dognon à un gneiss très feuilleté, très décomposé contenant de grandes lamelles de mica blanc. Cette roche, très analogue à la pegmatite, pourrait bien n'être qu'une pegmatite à structure schisteuse. Les strates sont dirigées N. 20° E.

Du Dognon à Montmagner, on trouve une roche analogue à celle que nous venons de décrire et intermédiaire entre la pegmatite et le gneiss à deux micas ; ses strates ont des directions qui oscillent entre O. 20° à 40° N. À Montmagner, on trouve, au milieu de cette roche, de véritables veinules de micaschistes dirigées E. 20° à 10° N. Ces veinules alternant avec la pegmatite, donnent très exactement l'idée d'un terrain schisteux pénétré par la pegmatite à grands éléments. Ce terrain est très interrompu, en face Les Brosses-Perrot, par un gneiss à mica foncé.

Sur la rive gauche du ruisseau de la Planche-Arnaise, on trouve dans les tranchées de la route, une roche très décomposée qui paraît être un porphyre quartzifère, et au milieu de laquelle se voient de très nombreux cristaux de pinite.

Sur la route de Ruffec à La Souterraine on retrouve le même terrain de pegmatite avec veinules micacées et schisteuses. Plusieurs des filons de pegmatite contiennent, au lieu de mica blanc, de très larges cristaux de mica brun sombre ; ces cristaux sont des lames rectangulaires ayant $0^m,02$ à $0^m,03$ de largeur et terminées par un biseau à leurs deux extrémités.

Un peu avant La Bussière-Madeleine, on trouve du gneiss à deux micas contenant encore, de temps à autre, quelques veinules schisteuses. Après Les Taillades, on trouve un gneiss à mica foncé qui est identique à celui de La Vallade. Ce gneiss passe lui-même au granite de La Souterraine, déjà décrit.

..

Le 14 octobre. — *De Forgevieille à La Bazennerie, et de La Bazennerie à Villeaubrun (par la route Imp^{le} n° 20).*

De Forgevieille, suivi la limite du granite à deux micas et du micaschiste depuis Les Sauvages, village à l'Ouest duquel on retrouve le prolongement saillant du filon de quartz d'Aubepierre, jusqu'à la route impériale d'Argenton que cette limite vient couper un peu au Nord du ruisseau de La Bazennerie.

Granite à mica blanc sur la route impériale d'Argenton au Dognon. Un peu avant d'arriver à La Villeaubrun, on voit apparaître des veinules schisteuses et micacées semblables à celles que nous avons signalées près de Montmagner. Ces veinules sont dirigées O. 30° N. Elles sont intercalées entre des filons de pegmatite et les strates d'un gneiss à deux micas.

A Ruffasson, filon d'une roche feldspathique compacte avec une très grande abondance de mica noir en petites lamelles. C'est une granulite à grains très fins.

Retour à La Souterraine par la même route que dans la précédente course.

Le 15 octobre. — Retour à Guéret par la voiture publique.

..

Le 3 novembre. — *De Genouillat à Guéret par la route Impériale.*

On a fait de nouveau ce trajet, fait déjà l'année dernière, afin de vérifier la nature du granite qui s'étend de Genouillat à la Creuse.

Les micaschistes prennent fin après Pont-du-Gat, à peu près en face du village de Peyrat ; ils sont remplacés par un gneiss peu micacé qui fait place au granite porphyroïde à deux micas. Cette roche n'est jamais mieux caractérisée qu'au Chêne (1) ; elle forme, en cet endroit, de grands blocs remarquables par leur forme généralement parallélipipédique, tandis que les blocs de granite à mica noir sont presque toujours arrondis. On trouve dans la roche peu d'oligoclase, des cristaux assez grands d'orthose maclés et de très abondants grains de quartz qui paraissent souvent un peu cristallins.

Sur le versant sud de la chaîne, on voit le granite percé par de nombreux filons de pegmatite à mica argentin le plus souvent à petits grains ; cependant quelques-uns de ces filons, notamment l'un d'eux, que l'on rencontre près de Jouillat, sont à très grandes parties et renferment de belles aiguilles de tourmaline.

Un peu avant Jouillat, le granite est passé lui-même à un gneiss à deux micas dans lequel le mica blanc est peu abondant. Le mica foncé est ordinairement verdâtre ; la structure gneissique est du reste confuse.

Ce gneiss passe insensiblement à une véritable leptynite rosée par suite de la couleur du feldspath, contenant des lamelles de mica verdâtre. Toutes ces roches, du reste, ont une apparence remarquable de stratification ; notamment la leptynite. Cette leptynite est surtout caractérisée en face de Lavaud ; elle est en relation avec des gneiss que la présence du mica blanc, quoique en faible quantité, rattache au système du granite à deux micas. Je ferai remarquer que l'année dernière, nous avions rattaché la leptynite aux terrains métamorphiques et les gneiss aux granites à mica noir. Nous croyons plus fondée l'opinion que nous exprimons aujourd'hui.

Toutes ces roches s'interrompent brusquement par une faille en face du moulin de Chibert et font place au granite à mica noir.

---

(1) Croisée des routes, près du point coté 520. [G. M.]

Le 29 novembre. — *De Guéret à Bourganeuf.*

Le granite à mica noir dure, sans présenter de particularités remarquables, depuis Guéret jusqu'à un point situé à cent ou deux cents mètres au Sud du hameau de Cœurgne. Là commence une roche schistoïde très micacée qui fait bientôt place à un gneiss à deux micas très caractérisé. Cette dernière roche accompagne jusqu'à Bourganeuf. Avant d'arriver au pont du Palais, on trouve sur la droite de la route, un filon d'eurite quartzifère dirigé N. S. ou N. un peu E. ; cette eurite est verdâtre ; c'est un pétrosilex dans lequel on voit des grains de quartz. Cette eurite est coupée par la route dans la déclivité qui conduit au pont ; elle se retrouve de l'autre côté du Thaurion.

Du Palais au Mas-Gaillard, on trouve, dans le gneiss, des filons N.-S. d'une roche euritique qui se rattache, peut-être, à la roche verdâtre dont nous venons de parler ; cette roche tient le milieu entre la granulite et le porphyre quartzifère.

On doit noter que la limite orientale du terrain houiller de Bosmoreau-les-Mines est formée par le filon d'eurite verdâtre que nous avons signalé et que la limite occidentale de ce petit bassin est formée par un granite à mica noir, tandis qu'au Nord et au Sud, on trouve les gneiss à deux micas.

On doit remarquer encore qu'à Bourganeuf même, sur la route de Bourganeuf à Bénévent-l'Abbaye, on trouve de véritables filons de granite à mica noir avec veines feldspathiques au milieu des gneiss.

* *

Le 30 novembre. — *De Bourganeuf à Eymoutiers.*

Les gneiss à deux micas continuent sur cette route ; et englobent les deux petits bassins houillers de Bousogle et de Mazuras. Autour de ces petits bassins, se trouvent des amas et des filons de la roche que nous avons désignée, d'après M. Grüner, sous le nom d'eurite quartzifère ; plusieurs de ces filons sont dirigés N. S. Un filon de quartz, N. 50° O. environ, passe entre les deux lambeaux houillers ; c'est celui qui forme la crête de la hauteur sur laquelle est placée l'ancienne chapelle de Mazuras ; ce quartz est blanc avec nodules stéatiteux et géodes remplies d'une matière blanche décomposée.

Nous n'insisterons pas, du reste, ici sur la topographie des terrains houillers de Bousogle et de Mazuras, car M. Grüner se propose de publier incessamment les observations qu'il a faites sur ces terrains sous les auspices de l'administration.

Les gneiss à deux micas passent à un granite à deux micas assez bien caractérisé à Saint-Junien-la-Bregère. Cependant le granite de cette localité est remarquable en ce que le mica est très peu abondant, et le mica blanc encore moins que l'autre.

Ce granite dure jusqu'à Peyrat-le-Château et on le retrouve à Eymoutiers.

Le 1er décembre. — *D'Eymoutiers à Faux-la-Montagne.*

Le granite de Saint-Junien-la-Bregère que nous avons rattaché au granite à deux micas, passe insensiblement au granite à mica noir et la transition paraît complétement opérée à peu près en face le moulin de Verviale ; on trouve alors un granite contenant normalement beaucoup de mica d'une couleur noire très foncée, et renfermant, en outre, des noyaux volumineux où le mica semble, au premier abord, former la plus grande partie de la roche.

Ce granite ne paraît pas se modifier beaucoup jusqu'à Faux-la-Montagne et ne renferme rien de particulier.

Le 2 décembre. — *De Faux-la-Montagne à Royère, par Gentioux.*

On trouve le granite à mica noir très abondant que nous avons déjà signalé. Il ne contient, du reste, rien de remarquable et ce qu'il faut seulement signaler dans ce parcours, c'est l'aspect général du pays dont l'uniformité est bien en relation avec l'uniformité de la roche qui constitue le sol. Le pays donne bien l'idée d'un vaste plateau assez fortement accidenté mais seulement par des saillies dont le relief est masqué par la douceur des rampes. Le sol est, en général, recouvert par une arène provenant de la décomposition de granite, arène très maigre, à peine mélangée de terre végétale et du reste très peu épaisse. Aussi la végétation sur ces maigres plateaux est à peu près nulle et les arbres sont d'une grande rareté.

Quant aux vallées, elles sont toutes occupées par un fond tourbeux dont l'épaisseur ne m'a pas paru être jamais très considérable. La tourbe, exploitée dans quelques trous par les habitants qui s'en servent pour remplacer le bois à peu près absent dans le pays, est très mélangée de cendres et m'a paru d'assez mauvaise qualité. Ces gisements tourbeux ont cependant une certaine importance par leur grande étendue qui peut suppléer en partie à leur faible profondeur. Cette importance est, du reste, naturellement augmentée par la rareté du combustible.

Près de Royère, le granite à mica noir est percé par des filons de granulite, de pegmatite à mica blanc, et l'on trouve des alternances de granite à mica noir et de granite à deux micas.

Le 3 décembre. — *De Royère à Bourganeuf.*

L'alternance entre les deux espèces de granite se continue sur cette route et l'on est à chaque instant indécis sur la question de savoir si le terrain appartient à l'une ou à l'autre de ces deux espèces pétrologiques.

L'un et l'autre granite sont, du reste, coupés par des filons de granulite et de pegmatite. Le granite à mica noir est toujours analogue à celui de Faux-la-Montagne et de Gentioux ; il est à grandes parties ; les cristaux de feldspath orthose surtout, très nombreux, atteignent de grandes dimensions. Il contient beaucoup de mica ; il contient, en outre, curieuse particularité, des grenats rouges disséminés ordinairement dans les parties les plus micacées. Ce granite prend quelquefois une structure gneissoïde.

On trouve, au milieu du granite à deux micas, des nodules

de gneiss à feuillets contournés ; ces nodules ont une surface arrondie ; ils ne se fondent pas, du reste, dans la masse du granite dont ils peuvent facilement se séparer. Ce fait semble donner au granite à deux micas une origine postérieure au gneiss lequel lui-même pourrait bien avoir donné lieu, par un métamorphisme, au granite à mica noir, remarquable en cet endroit par une certaine tendance à la structure gneissoïde et par la présence du grenat minéral, qui est habituellement un produit de métamorphisme.

Le granite à mica noir cesse complètement de se montrer un peu avant Le Compeix et l'on trouve ensuite un granite à deux micas qui passe bientôt au gneiss des environs de Bourganeuf.

Les gisements tourbeux des vallées ne se montrent guère également au delà du Compeix.

Le 4 décembre. — Retour à Guéret.

Présenté par l'ingénieur ordinaire des Mines, soussigné.

Guéret, le 11 février 1859.

L'Ingénieur des Mines,

Signé : E. MALLARD.

JOURNAL

des Courses Géologiques

faites dans le Département de la Creuse

pendant le cours de l'année 1859

Le 3 avril. — *De Guéret à Châtelus-Malvaleix.*

De Guéret à Glénic, pas de nouvelles particularités. Après Glénic, roche porphyrique avec mica noir, feldspath du 1er système et veinules calcaires. Plus loin, roche compacte feldspathique, à micas blanc et verdâtre, et qui, probablement, est une dégénérescence du granite à mica blanc. Ce dernier granite est très développé et très bien caractérisé à l'auberge du Chêne. Nous nous en référons, du reste, aux observations faites l'année dernière et qui constatent entre Glénic et Le Chêne, près de Jouillat, l'existence de roches qui dépendent évidemment du terrain schisteux.

A Roches, entre Le Chêne et Châtelus-Malvaleix, très beau filon de quartz blanc, saillant, et dont la crête, ressemblant de loin à une sorte de château fort, s'élève à vingt mètres environ au-dessus du sol formé par le granite à deux micas. Ce filon se prolonge derrière Roches en crête saillante; l'orientation de cette crête est N. 50° à 55° O. Il est formé de quartz blanc avec druses cristallines; il couvre de ses débris un très grand espace.

Entre Roches et Châtelus-Malvaleix, on observe dans le granite à deux micas, de la tourmaline bacillaire; c'est un rapprochement de plus entre ce granite et la pegmatite.

A Châtelus-Malvaleix, gneiss déjà signalé à bandes de feldspath et de quartz avec mica blanc, mais rare. Ce gneiss

7

paraît devoir être considéré comme une variété schisteuse de granite à deux micas.

Le 4 avril. — *De Châtelus-Malvaleix à Boussac.*

En face Jalesches, amphibolite grenue qui peut recevoir le nom de diorite et qui accompagne presque jusqu'à Clugnat. Cette amphibolite est en relation intime avec le gneiss ; mais est-elle une roche éruptive ou bien est-elle une roche métamorphique ? La question est indécise. Cependant il est bien remarquable de voir l'amphibolite accompagner si constamment le granite à deux micas et la pegmatite. La chaîne du granite à deux micas, qui s'étend de Toulx-Sainte-Croix à Saint-Agnant-de-Versillat, est, en effet, bordée, sur tout le long de son flanc septentrional, par des roches amphiboliques ; de plus, partout où les pegmatites pénètrent les gneiss, les roches amphiboliques apparaissent dans le voisinage. Ex. : Pont du Trou-d'Enfer, sur la route de Dun-le-Palleteau à Aigurande, et, hors du département, les carrières de kaolin de Saint-Yrieix. La liaison des roches amphiboliques avec les diverses roches qui se rattachent au granite à deux micas est donc, selon nous, assez bien prouvée ; mais ce qui est encore très remarquable, c'est que les roches amphiboliques n'apparaissent que là où les pegmatites coupent des gneiss ou des micaschistes ; les amphibolites ne sont développées que sur le flanc nord de la chaîne Est-Ouest de granite à deux micas, parce que c'est de ce côté qu'est développé le terrain schisteux ; on ne signale pas de roches amphiboliques, à proprement parler, dans le voisinage des nombreux filons de pegmatite qui pénètrent dans tous les sens le granite à mica noir. On ne s'expliquerait pas ce dernier fait si les roches amphiboliques étaient des roches éruptives accompagnant habituellement les roches du groupe des pegmatites. Tout s'explique, au contraire, d'une manière satisfaisante, si l'on admet que les roches amphiboliques sont des roches métamorphiques développées sous l'influence du granite à deux micas ou de ses congénères.

Après Clugnat, gneiss compacte et comme granitisé ; on y distingue encore, dans les strates, l'orientation E. 10° N.

Le 5 avril. — *De Boussac à Nouzerines, Tercillat et retour.*

Cette course s'effectue sans que l'on sorte des terrains schisteux.

Ce terrain ne se voit, du reste, que dans les vallées et sur les flancs abruptes ; tous les plateaux sont recouverts d'un diluvium très remarquable. C'est une argile, le plus souvent fort maigre, où se voient de très nombreux fragments, un peu roulés, de quartz blanc. Ce diluvium a quelquefois deux à trois mètres de puissance ; il forme les vastes landes que l'on trouve dans ce pays et qui contribuent beaucoup à lui donner son caractère spécial. Ces landes sont généralement stériles et ne pourraient prospérer qu'avec le drainage et les amendements calcaires. Quelques parties, cependant, sont assez fertiles ; à Nouzerines, par exemple, on cultive le froment et l'on trouve des noyers.

A Tercillat, les micaschistes et talchistes plus ou moins compactes se dirigent E. 15° à 20° N.

Près de Pierre-Bure, au sud de Nouzerines, on trouve une roche schisteuse très feldspathique avec mica blanc rare, disséminé entre les strates. Cette roche, qui est probablement un congénère du granite à deux micas, se dirige N. 40° O. avec plongée vers le S.-O.

*
* *

Le 6 avril. — *De Boussac à Toulx-Sainte-Croix et retour.*

Les gneiss et micaschistes de Boussac s'interrompent un peu avant Saint-Silvain-Bas-le-Roc et font place à un granite à deux micas, à très gros grains, très quartzeux, se désagrégeant facilement. C'est de ce granite que sont formées les Pierres Jaumâtres. Ces pierres sont placées sur un mamelon détaché appartenant à la grande chaîne E. O., mamelon qui forme comme une protubérance au nord de cette chaîne, vers son extrémité occidentale. Ces pierres ne paraissent pas différer des blocs de granite que l'on rencontre presque partout sur les sommets dans des positions quelquefois bizarres et qui sont évidemment l'œuvre de la nature. On se rend facilement compte de leur mode de formation en voyant au milieu des arènes granitiques en place, des blocs de granite non décomposés, qui se trouvent également dans leur position primitive, ce dont on s'assure facilement en observant les filons feldspathiques qui traversent sans se déranger, les arènes et les blocs.

Nous citerons, comme exemple de la disposition de ces blocs de granite au milieu des arènes, la tranchée qui se trouve à la porte de Guéret sur la route de Limoges. Si l'on suppose ces arènes avec leurs blocs, placés sur des sommets où s'exerce incessamment l'action des eaux pluviales, les arènes seront entraînées dans les fonds, les blocs resteront au sommet, confusément entassés. C'est par un phénomène entièrement analogue que se sont formés les pittoresques rochers qui décorent la forêt de Fontainebleau.

Les Pierres Jaumâtres présentent, sur leur surface, des cavités formant des espèces de bassins où viennent aboutir des sortes de rigoles grossières. Il nous semble, d'après l'irrégularité de ces cavités, qu'elles sont tout simplement dues à l'action de l'eau, action très énergique sur ces granites à gros grains qui se désagrègent facilement.

A Toulx-Sainte-Croix, le granite à gros grains est remplacé par un granite à petits grains, à mica exclusivement blanc, qui commence aux Bordes, que l'on retrouve à La Mazeire, et qui forme toute la montagne de Toulx-Sainte-Croix. Ce granite est une véritable pegmatite ; à Toulx-Sainte-Croix, elle est à très petits grains et contient de la tourmaline bacillaire disséminée en très notable quantité. Cette roche est schisteuse en grand, et présente des joints analogues à des lits de stratification ; de plus elle se brise facilement suivant une direction perpendiculaire à celle des joints. Il en résulte que la roche se brise en fragments pseudo-réguliers, circonstance, du reste, assez habituelle à la pegmatite. C'est probablement à cette particularité que le sol de la hauteur de Toulx-Sainte-Croix doit d'être couvert de débris qui ont la forme de moëllons grossiers et dans lesquels on a voulu voir les ruines d'une cité gauloise. Nous croyons ces débris de formation naturelle et analogues à ceux de la Loire signalés par M. Grüner.

Au pied de Toulx-Sainte-Croix, et sur le flanc sud de la montagne d'où se déroule un si splendide panorama, on trouve une argile blanche due probablement à la kaolinisation du granite et à l'entraînement par les eaux de la matière argileuse formée sur la hauteur.

Près des Pinelles, on trouve un granite à gros grains qui contient beaucoup plus de mica noir que le granite des Pierres Jaumâtres. Ce granite forme, du reste, des pierres aussi curieuses par leur forme et leur position que les Pierres Jaumâtres.

On nous signale des filons de quartz à La Vernade et à La Roche ; le temps nous manque pour les visiter.

En allant de Toulx-Sainte-Croix à Chanon, on descend le versant oriental de la montagne de Toulx-Sainte-Croix, qui termine la chaîne E.-O. La pegmatite s'interrompt avant Chavanat et l'on trouve un granite à gros grains traversé par des filons de pegmatite. Ce granite ne paraît plus, du reste, appartenir au granite à deux micas ; le mica blanc y est beaucoup moins abondant, ainsi que le quartz ; le feldspath orthose y forme de très grands cristaux.

* *

Les 7 et 8 avril. — *De Boussac à Soumans et retour, Exploration des environs de Soumans.*

Gneiss compacte jusqu'à La Roussille, et granite à mica blanc durant fort peu de temps ; le granite à mica noir bien caractérisé se trouve avant le ruisseau de Lavaufranche. Il commence par une roche euritique à éléments indiscernables.

Le granite à mica noir est remarquable, principalement à Soumans, en ce qu'il contient une matière vert olive présentant un clivage net parallèlement à la base d'un prisme à plusieurs faces. Ces cristaux mal formés contiennent ordinairement au centre une matière ocreuse décomposée. Peut-être doit-on rapporter cette substance aux minéraux mal définis et peu connus que l'on considère, avec plus ou moins de raison, comme les produits de la décomposition de la paranthine ou de la dichroïte. Elle se rapporte assez bien à la description que donne M. Dufrénoy de la *proséolite* (1) trouvée dans un granite de Norwège.

En allant de Soumans à Montebras, on trouve le village de Châteux, bâti sur un puissant filon de granite à deux micas ou pegmatite se brisant en fragments pseudo-réguliers. La hauteur de Montebras, presque dépourvûe de culture, est couverte sur son flanc sud, de débris de quartz blanc. Le sommet est, en effet, occupé par un filon de quartz auquel on trouve associé de l'étain oxydé ainsi que de la tourmaline, Ce quartz est lui-même associé à une roche formée de feldspath verdâtre et de mica blanc (pegmatite) et à une autre roche formée de quartz hyalin enfumé et de mica gris en paquets, laquelle paraît identique avec le *greisen* (2) de Vaury. Le quartz blanc du filon est souvent recouvert d'un enduit bleuâtre probablement cuivreux ; on trouve dans le *greisen* une matière verdâtre, tendre, qui est une *halloysite* (3) ; elle existe dans les cavités que renferme la roche et qu'elle ne remplit qu'imparfaitement.

Sur ce filon quartzeux sont ouvertes des excavations assez considérables ; ce sont généralement des trous coniques, alignés suivant deux directions principales, celles du N.-O. et du N.-E. Ces deux lignes d'excavations ont chacune une longueur de plus de cent mètres. Elles sont plus ou moins profondes ; plusieurs ont au moins dix mètres de profondeur et vingt à trente mètres de diamètre à l'orifice. Ces anciennes fouilles ont beaucoup d'analogie avec celles de Vaury.

Sur le flanc sud-ouest de la colline, se trouve un petit bois dont la lisière est aussi occupée par d'anciennes excavations. Elles consistent principalement en une grande fosse de cent mètres environ de longueur sur dix à douze mètres de profondeur ; à chaque extrémité de cette fosse, se trouvent des tranchées perpendiculaires plus petites, ouvertes de manière que leur fond soit au niveau de celui de la grande et qui descendent suivant l'inclinaison de la colline. Il paraît probable

---

(1) Altération de cordiérite. [G. M.].
(2) Granite à mica blanc sans feldspath. [G. M.].
(3) Sorte d'argile hydratée. [G. M.].

que la grande fosse a eu pour but l'exploitation d'affleurements métallifères et que les deux tranchées étaient destinées à assécher le fond des travaux.

Le *greisen* forme, de l'autre côté du ravin, de très puissants filons ; ce *greisen* a une apparence amygdaloïde qu'il doit aux noyaux de quartz noir qu'il contient.

Le sommet, marqué sur la carte du chiffre 431, est formé par une granulite à deux micas, très semblable à celle de Châteux, mais qui a une apparence porphyroïde et contient même des cristaux bipyramidés de quartz. Les filons de *greisen* et de quartz très développés sur la hauteur, qu'ils paraissent former en entier, disparaissent après La Maison-Rouge pour faire place au granite à mica noir.

En descendant le flanc nord de la colline, on trouve, en partant du village de Montebras, et très près de ce village, sur la partie du chemin dirigée à l'Est, des filons qui coupent le chemin et font saillie sur le granite à mica noir. Ces filons de deux à trois décimètres de puissance, sont parallèles et dirigés N. 10° à 20° E. ; ils sont formés, les uns de granulite ; les autres de quartz et de *greisen*.

Le granite, avec matière verte *(praséolite ?)* et un peu de mica blanc, fait place, avant la fin de la côte, à un granite à deux micas qui n'occupe qu'un fort petit espace, et, au pied de la colline, aux micaschistes dirigés E. 10° à 20° N. Ces micaschistes, recouverts sur les plateaux par l'argile avec galets de quartz, durent jusqu'à Boussac.

***

Le 9 avril. — *De Boussac à Gouzon par Bord-Saint-Georges.*

Après avoir rencontré le granite à mica noir, on trouve un pays couvert de landes (diluvium avec galets de quartz) qui occupe tout le vaste plateau dont l'altitude est de 466 mètres environ et qui ne s'arrête qu'à Bornet.

Le côté Est de la route est bordé par un filon de quartz qui forme sur le plateau une crête arrondie et fait saillie de distance en distance.

Le micaschiste, avec direction O. 30° N., se trouve entre

Bornet et Bord-Saint-Georges; il est traversé par de nombreuses veines de pegmatite et de quartz.

A Bord-Saint-Georges, on trouve, au milieu des micaschistes et dans le village même, un filon de porphyre quartzifère avec pinite en relation avec de la pegmatite tourmalinifère.

Au Sud de Bord-Saint-Georges, dans les champs, sur le côté gauche de la route, on trouve de la serpentine que l'on a exploitée pour moëllons; le pays est du reste très couvert, ce qui empêche de saisir la disposition de cette roche qui paraît cependant liée aux roches schisteuses de la même manière que l'amphibolite.

**

Le 10 avril. — *De Gouzon à Chénérailles.*

Une pluie violente et continue s'oppose à toute observation. Le granite à mica noir est bien caractérisé à Chénérailles.

**

Le 11 avril. — *De Chénérailles à Bonlieu et retour.*

La pluie entrave encore les observations ; cependant on constate que, dans tout le trajet parcouru, il n'y a que du granite à mica noir qui ne paraît présenter aucune particularité intéressante. C'est évidemment le vaste panneau de granite à mica noir qui forme la partie centrale du département et lui donne son caractère spécial.

Le 12 avril. — Retour à Guéret.

Le 25 avril. — De Guéret au Grand-Bourg.

**

Le 26 avril. — *Du Grand-Bourg à Trois-et-demi (sud de Fleurat) et retour au Grand-Bourg par le chemin de Ceyroux à Saint-Martin, Condat, etc.*

Au Grand-Bourg, granite à petits grains, à mica verdâtre ; sol couvert, du reste, par une alluvion argileuse profonde.

Entre Le Montimbert et Haviez, filon de quartz puissant, saillant, orienté N. 60° à 65° O., et se poursuivant sur une assez grande longueur à l'ouest de la route qu'il ne paraît pas traverser. A l'est, il perce un gneiss grenu, très peu schisteux, à petits grains, traversé par de la pegmatite, de la granulite, etc.

Entre Chantereine et la route, se trouve un autre filon de quartz qui a une nature toute différente de celle du quartz de Montimbert. Le quartz de Chantereine a une apparence un peu cornée, il est schisteux en grand ; il est accompagné de feldspath ; il paraît dirigé N..N.-E. et se poursuit sur une assez grande longueur. Ce quartz paraît être celui qui accompagne les filons de pegmatite.

Entre Chantereine et Lascroux, sorte de poudingue en relation avec de la pegmatite et passant très vite au gneiss grenu à petits grains déjà signalé. Cette dernière roche, très ambigüe, qui est probablement le granite à petits grains de M. Dufrénoy, s'interrompt au petit ruisseau qui alimente l'étang de Lascroux et fait place, sur la rive gauche de ce petit cours d'eau, au granite schisteux à mica noir qui forme des hauteurs signalées déjà à l'ouest de Guéret, aux environs de cette ville. Cette roche, dont la schistosité est très manifeste, quoiqu'elle diffère beaucoup du gneiss et se rattache intimement au granite à mica noir, est traversée par de très nombreux filons de pegmatite, granulite, leptynite, etc. Elle accompagne jusqu'à l'entrée du village de Saint-Martin, où reparaissent les gneiss à petits grains, lesquels font place à Condat au granite à mica verdâtre.

On doit remarquer, que le granite schisteux forme des collines à sommets rocheux et aigus, tandis que les hauteurs occupées par le gneiss et le granite à mica verdâtre sont arrondies et recouvertes jusqu'au sommet (généralement moins élevé) par un diluvium argileux. Ces derniers terrains sont, du reste, beaucoup plus fendillés, ce qui fait que sur le penchant des collines sourdent des sources très nombreuses. Les vallées argileuses sont très tourbeuses ; elles sont moins encaissées que les vallées granitiques ordinaires.

Les 27, 28 et 29 avril. — *Du Grand-Bourg à Bénévent-l'Abbaye et exploration des environs.*

À Bénévent-l'Abbaye, granite à mica noir bien caractérisé.

Exploration des diverses excavations que l'on nous signale dans les environs, et qui paraissent avoir eu pour but la recherche et l'exploitation de gisements stannifères.

Les plus considérables de ces excavations sont celles de Las Fargeas, situées entre Las Fargeas et Saint-Chartrier. Elles consistent en fosses considérables ayant au moins vingt à trente mètres de profondeur et dont quelques-unes ont une longueur de deux cents mètres. Elles sont alignées suivant des directions parallèles orientées vers le N. 10° E. environ. Les déblais provenant de ces excavations sont accumulés sur les bords. Il est remarquable que ces fouilles soient ouvertes dans le voisinage de filons de pegmatite très nombreux coupant le granite à mica noir. On trouve aussi, au fond de ces travaux à ciel ouvert, des filons de quartz noir contenant du mispickel, filons qui se trouvent précisément dans la direction des fosses et que celles-ci ont probablement suivis. Il est aussi à remarquer que les fouilles les plus importantes sont accumulées en deux points principaux ; les unes, et ce sont les plus considérables, sont situées dans un bois ; les autres dans une brande au sud ; ces deux systèmes de fouilles sont, pour ainsi dire, reliés par des excavations beaucoup moins importantes et ouvertes sur la ligne qui joindrait les deux groupes de travaux. Il semble qu'après avoir exploité les filons qui se montraient au jour sur les deux collines, on ait voulu, par de petites fouilles, chercher le prolongement des gisements métallifères.

D'autres excavations moins importantes sont ouvertes à l'est de celles que nous venons de décrire, entre Etreignat et Les Groppes. On trouve là une fosse dont la plus grande longueur, dirigée N. E. environ, est de quatre-vingts mètres, avec une profondeur de sept à huit mètres ; on trouve dans les déblais, de la pegmatite et du quartz noir contenant du mispickel.

Près de Bénévent-l'Abbaye, non loin du hameau de La Betoulle et de la route de Fursac, on trouve aussi une

excavation assez profonde ayant le même caractère que celles
dont nous venons de parler.

Au sud de Chamborand, entre le hameau de La Faye et le
ruisseau du Péroux, se trouvent encore d'autres anciens
travaux qui avaient probablement le même but, mais qui ont
une disposition un peu différente, probablement par le seul
motif de la disposition différente des lieux.

Ce ne sont plus, en effet, des fosses profondes ouvertes sur
le sommet d'une colline, mais une tranchée très large dont le
fond est, du côté nord, au niveau du sol; le milieu de cette
fosse est occupé par une mare qui atteste que l'on avait creusé
jusqu'à ce que l'abondance des eaux mît obstacle au travail.
Cette excavation est du reste très considérable si l'on en juge
par la masse de déblais accumulés de chaque côté, et qui
forme de véritables collines. On lui donne dans le pays, le
nom de *Trou aux Fées*.

L'existence de ces diverses excavations, de l'ouverture
desquelles on a complètement perdu le souvenir, nous paraît
fort curieux. On regarde, dans le pays, les fouilles de
Las Fargeas comme des travaux de fortification ouverts
pendant une guerre avec les Anglais. On sait que toutes les
antiquités que le peuple ne regarde pas comme appartenant à
César sont attribuées par lui aux Anglais. Il est, du reste, bien
évident que les travaux que nous avons fait connaître
sommairement n'ont jamais été des travaux de fortification et
la légende populaire ne sert qu'à attester une chose, c'est
qu'on a complètement perdu la tradition du but que se
proposaient les auteurs de ces excavations.

Les travaux de Las Fargeas, au contraire, sont tout à fait
analogues à ceux de Vaury (Haute-Vienne) et de Montebras.
Or, la présence de l'étain oxydé dans ces deux localités ne
permet guère de mettre en doute que les excavations que l'on
y rencontre n'aient eu pour but la recherche et l'exploitation
de gisements stannifères. L'analogie nous porte donc à penser
qu'il en doit être de même des excavations de Las Fargeas,
d'Etraignat, de Bénévent-l'Abbaye et de Chamborand. Cette
supposition paraîtra acquérir une probabilité un peu plus
grande, si l'on remarque que l'orientation très nette des fouilles

de Las Fargeas, orientation qui doit nécessairement être celle des filons exploités, est justement la même que celle des filons de Vaury et de Montebras. On peut encore remarquer, comme circonstance venant à l'appui de notre hypothèse, la présence, dans les déblais des fouilles, du quartz métallifère en filons, ainsi que celle de la pegmatite que nous regardons, d'après l'exemple des gisements de Vaury, de Montebras, de Cornouailles et de la Saxe, comme la roche mère, pour ainsi dire, des filons stannifères. D'ailleurs, le fait que nous n'avons pas, dans les fouilles de Bénévent-l'Abbaye, comme dans celles de Montebras, trouvé d'étain oxydé n'est pas concluant contre notre idée ; l'étain oxydé doit être en effet très rare dans les déblais qui ont dû être débarrassés avec soin de toute matière métallifère. D'un autre côté, on ne voit que fort rarement la roche à nu, recouverte qu'elle est partout, soit par la végétation, soit par les déblais eux-mêmes, il est donc difficile de constater la présence de filons stannifères en supposant que ceux-ci existent réellement.

* *

Le 30 avril. — *De Bénévent-l'Abbaye à Châtelus-le-Marcheix.*

Le granite à mica noir cesse après le ruisseau du Puy-Faucher et fait place au micaschiste annoncé, pour ainsi dire, par de nombreux filons de pegmatite et de granulite. Les roches schisteuses sont précédées, ainsi qu'il arrive souvent, par une sorte de roche amygdaloïde décomposée, argileuse, et assez semblable à un poudingue (1). La vallée assez large du ruisseau du Puy-Faucher (2) est couverte d'argile tourbeuse avec des débris des roches schisteuses. Ces roches sont même en place, très décomposées et il est difficile de trouver leur direction. Elles sont recouvertes, jusque sur les hauteurs d'un diluvium argileux à fréquents galets quartzeux. Les hauteurs formées par ce terrain sont du reste arrondies, stériles, couvertes de landes ; on y trouve peu de sources.

---

(1) Mylonites, sortes de roches écrasées. [G. M.]

(2) Mallard entend parler ici plutôt de la vallée d'Arrênes, car la vallée du Puy-Faucher est dans le granite.

Le granite à mica blanc, à gros grains, se montre au sommet même de la chaîne, en face Les Côtes ; on ne change pas de terrain jusqu'à Châtelus-le-Marcheix ; on trouve cependant un lambeau schisteux dont on ne distingue pas très bien la relation avec les terrains avoisinants.

Le granite à mica blanc est fréquemment kaolinisé ; il est à grains souvent très gros ; il est, de plus, très quartzeux. Il affecte une sorte de stratification ; par les joints de la roche sortent, sur les flancs des collines, de très nombreuses sources. Les sommets sont recouverts par des fragments de la roche, recouverts d'une couche très mince de terre végétale.

Le 1er mai. — *De Châtelus-le-Marcheix à Saint-Goussaud et retour.*

La plus grande partie du village de Châtelus-le-Marcheix est bâtie sur le terrain schisteux ; on trouve cependant le granite à deux micas jusqu'au sortir du village. Saint-Goussaud, placé sur un sommet très élevé d'où l'on découvre un superbe panorama, est situé sur ce granite qui forme une chaîne dont l'altitude, près de Saint-Goussaud, est de 686 mètres, et dont la direction est N.-O. S.-E.

On rencontre le micaschiste un peu après Millemilange. A l'ouest de ce hameau, entre Millemilange et Grand-Vaux, on trouve des excavations considérables, ouvertes sur le flanc d'une hauteur et alignées à peu près au N. N.-O. L'une de ces excavations est un cône renversé légèrement elliptique et ayant vingt à trente mètres de profondeur ; des arbres croissent au fond de l'excavation et n'atteignent pas le sommet. Une autre est une tranchée ouverte au niveau de la vallée et dont les eaux ont ainsi un écoulement assuré. Ces fouilles sont, du reste, ouvertes juste à la limite du granite et du micaschiste, mais dans le micaschiste. Il est fort probable que, de même que celles que nous avons déjà signalées, elles avaient pour but l'exploitation de gisements métalliques, vraisemblablement stannifères.

C'est, en effet, au contact du micaschiste et du granite à deux

micas que se trouvent presque toujours les gisements d'étain.
Cependant une exploration des déblais, contrariée, il est vrai,
par une pluie persistante, ne nous a fait découvrir que du
quartz avec mispickel et manganèse oxydé. Je regarde comme
presque certain qu'un examen plus prolongé ferait découvrir
de l'oxyde d'étain.

De Millemilange à Châtelus-le-Marcheix, on suit aussi
exactement que possible, la limite du granite et du micaschiste,
limite que l'on a tracée avec soin sur la carte. On voit
fréquemment ce granite pousser des ramifications dans le
micaschiste et y former même quelquefois de vrais filons. Ce

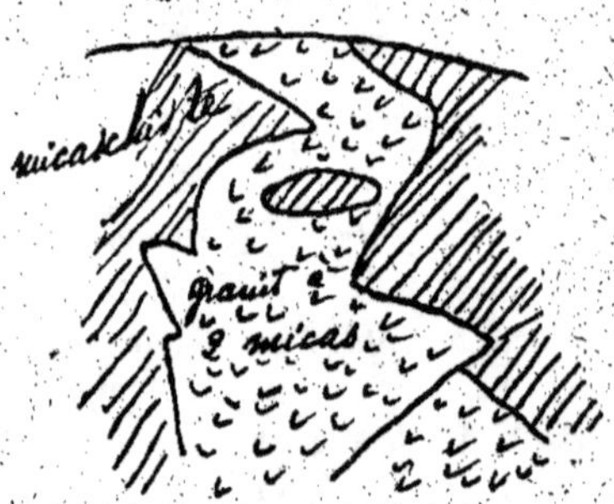

fait ne me semble pas
laisser de doute sur
l'origine éruptive de
ce granite que quelques
auteurs, entre autres
M. Delesse, ont mise
en suspicion.

Nous donnons ci-jointe
la coupe d'un de ces
filons qui contient un
noyau de micaschiste.

**

Le 2 mai. — *De Châtelus-le-Marcheix à Bourganeuf.*

L'église de Châtelus-le-Marcheix est bâtie sur le granite à
deux micas qui se retourne vers l'est, avant le pont du
Thorion. Au lieu où ce pont est bâti, on trouve du gneiss très
feldspathique qui fait bientôt place à des schistes argileux
faiblement inclinés et dirigés entre E.-O. et N.-E.

On retrouve le granite un peu avant La Forêt et on en suit
la limite jusqu'en face Gémont; on ne le retrouve plus
ensuite.

Dans l'ancienne traverse de la route de Bourganeuf à
Limoges, derrière Rigour, on trouve les schistes soulevés
et traversés par une roche très décomposée qui paraît

être du granite ; ce fait cependant mérite confirmation (1). On trouve aussi, en cet endroit, un poudingue passant à une sorte de grès feldspathique qui se distingue fort mal d'une eurite quartzifère, qui est globulaire et ressemble à un poudingue. Tout ce terrain est fort obscur et mérite un nouvel examen (2).

On trouve, jusqu'à Bourganeuf, des gneiss très feldspathiques.

* *

Le 3 mai. — *De Bourganeuf à Saint-Dizier-Leyrenne et retour.*

En partant de Bourganeuf, gneiss approchant beaucoup du granite et traversé à peu près à la hauteur du château de La Chaume par une roche ressemblant au granite à mica noir, avec forte proportion de feldspath du 6me système, veines calcaires dans les fentes de la roche et au milieu de la roche elle-même ; la roche est, aussi, traversée par des veinules de feldspath ; le mica vert y est abondant. Cette roche, qui se retrouve en plusieurs autres endroits, est exploitée, à cause de sa dureté, pour l'empierrement de la route. Elle doit être probablement rapportée au porphyre granitoïde de M. Grüner.

De l'autre côté du Thorion, on trouve encore des schistes assez bien caractérisés, mais ils passent de plus en plus au granite et bien avant Saint-Dizier-Leyrenne, on trouve le granite à mica noir à grains moyens, bien caractérisé.

En allant de Saint-Dizier-Leyrenne au moulin de Gotgiraud, on trouve des schistes, calcaires en certains endroits, au-dessus de La Mazère, et on ne les quitte que de l'autre côté du Thorion, au dessus du hameau de Clamont qui est dominé par le granite à mica blanc, lequel forme comme le couronnement des hauteurs.

On ne trouve plus ensuite, jusqu'à Mérignat, que des schistes, presque toujours rougeâtres par décomposition ;

---

(1) Il s'agit encore de roches triturées. [G. M.].
(2) Roches écrasées. [G. M.].

leur direction est difficile à discerner à cause de cette décomposition ; cependant, près des Martys (1) elle paraît être E. 35° N.

Sur les bords du Thorion, un peu au-dessous du ruisseau du Mas-Baronnet, on trouve, en filons dans les schistes, une roche très analogue à celle du château de La Chaume.

* *

Le 4 mai. — *De Bourganeuf à Pontarion, Villatange et retour.*

En partant de Bourganeuf, schistes feldspathiques avec veines ou filons de granite à deux micas à grains fins (pegmatite). A cinq cents mètres de l'embranchement des deux routes, on trouve au milieu des gneiss une eurite verdâtre, pinitifère, identique avec celle que nous avons signalée, l'année dernière, à peu de distance de ce point, sur la route de Bourganeuf à Guéret. Peut-être est-ce la prolongation du même filon.

On trouve, à peu près à partir de ce point, une alternance très obscure de gneiss granitoïde à mica noir (peut-être est-ce du véritable granite à mica noir) avec grands cristaux d'orthose, de granite à deux micas à grains fins et de gneiss schisteux quelquefois assez bien caractérisé. On rencontre aussi des filons d'une pegmatite à grains moyens, sans mica blanc, contenant de gros grenats rouges et une matière vert noirâtre. Ces filons se trouvent particulièrement sur les sommets. L'un d'eux, situé vers le point dont l'altitude est marquée sur la carte 587, a été exploité pour l'empierrement de la route.

Le coteau qui se trouve sur la rive gauche du ruisseau de Grandvallée, et sur lequel est bâti ce village, est coupé par du granite à deux micas à grains fins ; de l'autre côté du ruisseau se trouve un très beau granite porphyroïde à très grands cristaux d'orthose et qui ne paraît être autre que le gneiss granitoïde dont nous avons parlé.

---

(1) Au nord de Montboucher. [G. M.]

Au reste, il faut remarquer combien la coupe de Bourganeuf à Pontarion présente d'analogie avec celle de Royère à Pontarion. L'analogie se manifeste principalement dans l'alternance, signalée l'année dernière entre ces deux points : de granite à très grands cristaux d'orthose orientés et de granite à deux micas à grains fins. Il est probable que le plateau élevé qui forme le sud du département est occupé par du granite porphyroïde à mica noir, traversé par de très nombreux et très puissants filons de granite à deux micas, jouant dans cette occasion le rôle que jouent dans le granite à mica noir ordinaire la pegmatite et la granulite si analogue, d'ailleurs, par toutes leurs propriétés, au granite à deux micas.

Au sortir de Pontarion, en prenant le chemin de Janaillat, on trouve le terrain schisteux très bien accusé, et, dans ce terrain, des gneiss granitoïdes avec une structure nettement gneissique et de très grands cristaux d'orthose orientés. Cette roche, avec une structure plus schisteuse, ressemble beaucoup aux granites et gneiss granitoïdes signalés entre Bourganeuf et Pontarion. Sa présence, au milieu du terrain schisteux, pourrait faire croire que le granite lui-même est dû au métamorphisme d'un ancien terrain schisteux ; mais rien ne prouve, après tout, que ce ne soient pas plutôt des filons de granite au milieu des gneiss. La structure schisteuse dans les roches ne saurait en effet, à elle seule, indiquer, d'une manière certaine, leur non-éruptivité.

Le terrain schisteux, très bien caractérisé et formant, comme à l'ordinaire, de vastes landes, n'est plus représenté, à partir d'un point situé un peu avant La Trélonge, que par des gneiss granitoïdes ayant beaucoup d'analogie avec le granite, ce qui rend incertaine la limite entre ces deux terrains.

Près du Soulier, on trouve un filon de quartz noir et blanc, orienté N. 60° O. et en relation avec des schistes noirs argileux. Le granite à mica noir et à grains-moyens se trouve à très peu de distance de la route, accusé d'une manière fort nette par de gros blocs arrondis épars dans les champs. Le granite coupe la route de Janaillat, à la hauteur du hameau de Villatange. A partir de ce point, la limite entre le granite et le terrain

schisteux marche probablement du nord au sud, de manière
à couper en deux le petit bassin houiller de Bosmoreau
qui est, en effet, à cheval sur le granite et le gneiss.

Le 5 mai. — Retour à Guéret par la voiture publique.

* *

Le 21 juin. — *De Guéret à Bonnat par Anzème
et Champsanglard.*

On trouve jusque à un point situé un peu après Clavière
(N.-O. de Saint-Sulpice-le-Guérétois) du granite à mica noir
sans rien de particulier. Là, une argile jaune, bigarrée de
veines grises, recouvre toute la plaine. L'argile cesse un peu
avant le ruisseau de Montbut et laisse à découvert une roche
analogue à celle que l'on rencontre de l'autre côté de la Creuse,
sur la route de Guéret à La Châtre. C'est une sorte de granite
ayant en grand une certaine apparence schistoïde et remarquable
par son mica vert, par son feldspath rosé, par sa structure
intime compacte ; tantôt cette roche possède la structure
gneissique assez bien caractérisée, tantôt elle affecte l'apparence
d'un porphyre par sa compacité et son quartz cristallin. Dans
ce dernier état, son origine ignée est prouvée par des fragments
empâtés de granite à petits grains. On trouve, en relation avec
cette roche, une sorte de pétrosilex qui forme, près du ruisseau,
une falaise dirigée N. 45° O. Près de là, des grès à petits grains
et des poudingues formés aux dépens du granite rosé à mica
vert, sont évidemment, ainsi que les pétrosilex, des débris
d'un terrain de transition qui n'est que le prolongement
de celui de Glénic et d'Ajain.

Remarquons, en passant, l'identité du granite rosé à mica
vert avec la roche qui se trouve en filons dans le granite à
mica noir, près de Guéret, à l'embranchement de l'ancienne et
de la nouvelle route de Bénévent-l'Abbaye.

Le granite à mica noir reparaît, à Montbut, pour faire place,
cinq cents mètres environ avant Anzème, au granite rosé à
mica vert ; sur la limite de ces deux roches, doit exister un
filon de quartz dont on voit, épars dans les champs, de très
gros débris. Le granite rosé passe à des roches schisteuses

feldspathiques, et enfin, sur les bords de la Creuse, se trouve le granite à deux micas très bien caractérisé. Le granite rosé à mica verdâtre n'est évidemment qu'un accident ; il doit probablement être considéré comme une monstruosité du granite à deux micas. S'il en était ainsi réellement, la postériorité de ce granite par rapport au granite à mica noir serait bien démontrée.

A partir de la Creuse, on ne trouve plus que le granite à deux micas ; près du Signal de Bonnat, la tourmaline se trouve en assez grande abondance dans ce granite où elle prend, pour ainsi dire, la place du mica noir.

Un peu avant Bélair, apparaissent des granites schisteux dirigés E. O. ; le véritable terrain schisteux ainsi dirigé E. O. ne se trouve qu'un peu après Chebasset. Il est recouvert, comme presque toujours, par un diluvium argileux. Il existe probablement un filon de quartz près de Chebasset, à juger par les nombreux et gros blocs de quartz blanc que l'on trouve près de cet endroit.

*
* *

Le 22 juin. — *De Bonnat à Saint-Sulpice-le-Dunois par Le Bourg-d'Hem et La Celle-Dunoise.*

A Bonnat, micaschistes E. O. ou E. 5° N. Un peu avant Grandsagne, dépôt d'argile assez profond qui cesse avant La Villaine ; là, on rencontre des amphibolites O. 20° N. alternant avec des schistes feldspathiques. Entre La Villaine et Chanteloube, dominent encore les roches amphiboliques.

A ce dernier village, granite schisteux à deux micas, jusqu'au point coté 427. Le granite compacte ne se rencontre pas en deçà de ce point.

Près Combrand, trouvé, dans les amphibolites, de la serpentine avec diallage.

Au-dessous du Bourg-d'Hem, roches schisteuses principalement amphiboliques, passant au schiste ardoisier, et pénétrées par une pegmatite compacte de couleur rosée.

Les strates sont dirigées O. 20° N.

Un peu après Guémontet se rencontrent les gneiss et les schistes avec leurs caractères habituels et leur direction E. 5° N. Entre La Celle-Dunoise et Saint-Sulpice-le-Dunois, on trouve des gneiss très micacés à mica noir et des gneiss feldspathiques.

**

Le 23 juin. — *De Saint-Sulpice-le-Dunois à Guéret, par Le Mas Saint-Jean, Châtenet, La Bussière, etc.*

Granite à deux micas un peu avant Le Courtioux; ne cesse qu'à un point situé sur la route de Dun-le-Palleteau à Saint-Vaury, à peu près en face Jalletat. Après ce point, se montre le granite à mica noir; mais il est très remarquable que des gneiss sont intercalés entre les deux granites. Ce fait important vient à l'appui de notre opinion, que les deux sortes de granite ne sont point contemporaines; mais on ne saurait en déduire l'antériorité de l'une des deux par rapport à l'autre.

La cristallinité du granite à mica noir, dans le voisinage de la limite est aussi à noter; on y trouve beaucoup de feldspath du 6me système et la roche présente une assez grande analogie avec le porphyre granitoïde.

Presque à la limite des deux granites, mais au milieu du granite à mica noir, on observe un filon de quartz blanc avec matières stéatiteuses verdâtres; sa direction est N. 30° E.

On suit la limite des deux granites dans l'espace compris entre les deux chemins vicinaux de Dun-le-Palleteau et de Bussière-Dunoise à Saint-Vaury; cette limite correspond à une dépression du sol qui sépare la chaîne E. O. du granite à deux micas, de la chaîne N. O. du granite à mica noir (hauteur de Saint-Vaury).

Rien de particulier jusqu'à Guéret, si ce n'est un filon de quartz orienté N. O., sur le côté nord de la route impériale, près de Lorcivaud.

Le 29 juin. — *De Guéret à Ajain, par Saint-Fiel, Chignaroche,*
Glénic, Villeraput, Mandinaud, etc.

Avant Chignaroche, granite compacte à mica verdâtre, à
feldspath rosé, identique avec celui des environs de Montbut,
et signalé plus haut ; le terrain de transition succède à cette
roche presque immédiatement. Porphyre granitoïde sur la
rive droite de la Creuse à Glénic avec veinules calcaires,
continue jusqu'aux Ecures.

Terrain de transition avec argiles noirâtres déjà signalé près
de la route impériale d'Ajain ; le terrain de transition
caractérisé par une grauwacke porphyroïde qui est la roche
dominante, ne cesse qu'à Villechenille et Mandinaud.

A Villechenille, gneiss à deux micas décomposé dans le
chemin, avec porphyre quartzifère et veines quartzeuses.
A Lavaud, granite schisteux à mica noir.

Le 30 juin. — *D'Ajain à Domeyrot par Lavaud,*
Ladapeyre, etc.

Granite schisteux à mica noir jusqu'à La Trémouille.
A Loubier, granite grenu à petits grains, à matière verte.
Le granite schisteux contient des fragments empâtés de
micaschiste qui semblent attester son origine ignée.

Le granite grenu de Loubier rappelle le granite à petits
grains des environs du Grand-Bourg, si intimement lié aux
gneiss et micaschistes. Il est évident que, entre le massif
puissant du granite à mica noir de Guéret, Ahun, etc., et la
chaîne de granite à deux micas de Toulx-Sainte-Croix,
Châtelus-Malvaleix, etc., il y a un massif de gneiss et de
micaschistes plus ou moins altérés qui sépare les deux espèces
de granite et montre bien que ce sont les produits d'éruptions
distinctes.

Le granite schistoïde à deux micas que l'on observe à
Villechenille et qui pénètre dans le granite à mica noir me
semble une preuve de la postériorité du granite à deux micas.

Du reste, les gneiss entre les deux granites se retrouvent près de Jouillat ; on en a signalé un lambeau sur la route de Dun-le-Palleteau à Saint-Vaury ; on doit rattacher probablement au même panneau les terrains schisteux de Trois-Fonds, etc.

Près de Ladapeyre, on trouve la grauwacke du terrain de transition ; cette grauwacke se retrouve sur toute la route entre Ladapeyre et le Verraux. Elle consiste en une alternance de poudingues et de grès à mica verdâtre hexagonal.

Un filon puissant de quartz existe sur la hauteur qui domine le moulin de Fragne au N. E. de Ladapeyre ; ce filon paraît dirigé comme la crête de la hauteur, c'est-à-dire vers le nord-ouest. Les débris de ce filon couvrent le terrain qui paraît, du reste, traversé par beaucoup d'autres filons de la même roche.

En face Servières, se trouvent des gneiss très feldspathiques à deux micas, dirigés E. 25° N. et qui se rattachent au granite à deux micas que l'on retrouve un peu plus loin.

Près de Domeyrot, filons de quartz déjà signalés.

* *

Le 1ᵉʳ juillet. — *Exploration des environs de Domeyrot.*

Au sud du village de Luzignat, se trouve une dépression du sol dirigée à l'O.-N.-O. et qui correspond évidemment à une faille. Au sud de cette faille, se trouve la grauwacke ; au nord, une granulite à laquelle succède immédiatement un granite à mica noir avec très grand cristaux de feldspath et contenant des prismes de cette matière verte déjà signalée dans le granite de Soumans, lequel est évidemment identique à celui-ci. Ce granite se charge, du reste, de mica blanc lorsque l'on marche vers le nord et il est fort difficile de trouver une limite entre le granite à mica noir et le granite à deux micas.

À Vautredeix, le granite à mica noir est bordé, non plus par la grauwacke, mais par des gneis E. O. dont on suit exactement la limite jusqu'à la route de Gouzon à Boussac.

Au Pit, filon de quartz, N. 40° O.

Entre La Villatte et Saint-Silvain-sous-Toulx, filon de quartz saillant très beau, qui s'aperçoit de fort loin et ressemble, à distance, à un mur cyclopéen d'une éclatante blancheur. La crête saillante, à, au moins, deux cents mètres de longueur sur vingt mètres de large et dix mètres de hauteur au-dessus du sol. La direction de cette crête est O. 25° à 30° N. Ce filon est connu sous le nom caractéristique de *Pierres Aubes*.

L'abondance des filons quartzeux dans les environs de Domeyrot est un phénomène très remarquable.

* *

Le 2 juillet. — *De Domeyrot à Guéret par Rimondeix et Blaudeix*.

A Beaupêche, schistes satinés verdâtres ardoisiers pénétrés par des veines de quartz et appartenant évidemment à un terrain stratifié. La limite de ce terrain ancien est, du reste, le prolongement exact de la faille O. 20° N. de Luzignat.

Le terrain de transition près de La Pouyade est formé par un grès feldspathique vert et des schistes verdâtres compactes. On trouve, entre les strates, une argile noire un peu charbonneuse, mais sans importance.

La limite de ce terrain de transition se trouve, au sud, entre les villages de Blaudeix et de Rimondeix. Elle va rejoindre la limite déjà signalée un peu avant Ladapeyre. Cette limite est donc aussi O. 20° N. environ comme la limite septentrionale de ce remarquable panneau qui se lie probablement avec le terrain mieux caractérisé, quoiqu'encore très confus, des environs d'Evaux et de Fontanières.

Après Blaudeix, granite à mica noir; filon important de porphyre quartzifère à La Coterie, ainsi qu'à Rimondeix; le porphyre quartzifère pénétrant dans le terrain de transition, est donc plus jeune que ce dernier.

Rien de nouveau dans les observations faites jusqu'à Guéret.

Saint-Etienne, le 31 Décembre 1859.

L'Ingénieur des Mines,

Signé : E. MALLARD.

JOURNAL

des Courses faites en 1860

Le 30 juin. — *D'Evaux à l'embranchement de la route de Montluçon, de là à Chambon-sur-Voueize, puis retour à Evaux.*

Avant la Voueize, on trouve un gneiss granitoïde formé par des cristaux de feldspath assez gros, de quartz et de mica noir ; cette roche est traversée par de très nombreux filons de granulite généralement compacte et dure, mais avec des parties plus largement cristallines contenant de la tourmaline. La tourmaline, du reste, se trouve aussi dans la partie grenue, en petites aiguilles. Ces filons de granulite ont généralement une direction confuse ; l'un d'eux, cependant, est dirigé nettement vers le N. 30° O.

On trouve aussi avant la Voueize, et peu après l'embranchement de la route de Chambon-sur-Voueize, un filon d'une roche porphyrique à pâte abondante violette ou blanche, avec cristaux de feldspath, lamelles de mica vert clair à section quadrangulaire allongée et sans quartz. La direction du filon est N. 30° O. C'est une roche qui paraît liée aux porphyres rouges quartzifères si abondants entre Gouzon et Chambon-sur-Voueize.

A peu de distance de la rivière, se montre une roche granitoïde à petits grains contenant : feldspath, quartz, mica noir et matière verte fort abondante et formant véritablement la partie essentielle de la roche. Cette matière est vert foncé, elle est peu dure, possède l'éclat gras de la serpentine et la cassure conchoïde et esquilleuse de ce minéral. Généralement elle est amorphe ; elle présente cependant quelquefois des cristaux nets dont la section paraît rectangulaire ; un gros cristal recouvert d'une couche micacée paraît être cependant de forme hexagonale. Cette matière paraît assez analogue aux pinites que l'on trouve dans les porphyres quartzifères. Elle appartient, probablement, dans tous les cas, au même groupe minéralogique.

Ce granite grenu à petits grains est ordinairement assez compacte ; on y trouve cependant des parties très nettement rubanées et présentant alors des alternances de feldspath, de quartz et de mica noir ou gris.

Au milieu de ce terrain, on trouve, sur la rive gauche de la Voueize, quelques filons de granulite rosée.

Le granite grenu à petits grains et à matière verte se distingue du reste par les crêtes à arêtes vives qu'il forme et qui sont très différentes des cimes arrondies du granite ordinaire. C'est ce qui contribue à rendre si pittoresque le cours de la Voueize dans les environs d'Evaux.

Vers la bifurcation de la route de Montluçon, le granite à petits grains s'interrompt ; le sol devient très couvert et l'on observe, de temps à autre, sous la terre végétale, le gneiss granitoïde à mica noir qui a surtout beaucoup de ressemblance avec le granite à mica noir schisteux des environs de Jarnages ou des environs de Guéret.

Cette roche est, du reste, comme auprès d'Evaux, traversée par de très nombreux filons de granulite.

Entre Chambon-sur-Voueize et Evaux et peu après Chambon-sur-Voueize, on observe une roche exploitée pour l'entretien de la route ; c'est une sorte d'eurite très quartzifère et montrant des parties verdâtres sur un fond de couleur sombre ; la dureté de la roche est grande. A peu de distance, la roche devient plus franchement porphyrique et présente une pâte grisâtre avec des cristaux de feldspath quelquefois décomposés et remplacés par une matière ocreuse, des cristaux de quartz et du mica ; on y trouve aussi des noyaux arrondis d'une matière feldspathique blanchâtre. Enfin, cette même roche paraît passer à une sorte de granulite compacte, de couleur foncée et très quartzeuse.

Ce n'est qu'un peu après le Chat-Cros qu'on trouve la roche schisteuse des bains d'Evaux bien caractérisée. C'est en général un schiste très feuilleté, presque exclusivement composé de feldspath qui communique même quelquefois à la cassure un aspect porphyrique. La schistosité est dirigée E. 15° N.; les schistes sont souvent très plissés et la surface des strates est lisse et cannelée.

Vers le milieu de la côte, on trouve une roche compacte à texture globulaire. Les parties globuleuses sont généralement de couleur plus pâle que le reste de la roche et entourées d'une bordure rougeâtre. Cette roche euritique est, du reste, tout à fait de même nature que celle que nous avons signalée près de Chambon-sur-Voueize.

Le 1ᵉʳ juillet. — *D'Evaux à Château-sur-Cher et retour par Clavaud et Le Teillet*

En sortant d'Evaux, on trouve le gneiss traversé par de très nombreux filons de granulite. En face Tonlevade, la route est en tranchée et, dans la tranchée, on observe une roche un peu porphyrique, très micacée en quelques endroits, renfermant une matière peu dure, verdâtre, décomposée, analogue à celle du granite à petits grains de la Voueize. Cette roche paraît, du reste, former un filon au milieu du gneiss qui reparaît un peu plus loin. Elle se retrouve près de Gobias et, là, succède à cette roche un conglomérat grossier qui paraît être le premier terme du terrain de transition. Ce terrain paraît, au reste, presqu'exclusivement formé d'une roche quartzo-feldspathique verdâtre, au milieu de laquelle on trouve des bancs de poudingue et qui passe elle-même à une roche compacte argileuse et schisteuse; cette dernière roche supporte le grès quartzeux et noirâtre.

Au retour, vers Evaux, le terrain de transition cesse complètement un peu après Clavaud.

Il semble donc que la limite du terrain de transition est une ligne O. 20° à 30° N., partant du ruisseau de la Forêt et aboutissant au pont sur le Chat-Cros de la route de Mainsat.

Le 2 juillet. — *D'Evaux à Auzances.*

Le terrain de transition commence entre La Fresse et Le Breuil. Au Breuil, on trouve de la grauwacke bien caractérisée avec des filons porphyriques. Dans la pente qui descend du Breuil vers Fontanières, on trouve des grès très nets, les uns porphyriques comme le grès anthracifère de la Loire, les autres grenus, noirâtres et charbonneux.

Dans la côte qui remonte vers Fontanières, le terrain est moins net; il consiste en une sorte de gneiss compacte traversé par des filons porphyriques. Il y a incertitude sur la question de savoir s'il faut rapporter cette roche au terrain de transition.

Près de Fontanières, on trouve un filon net de porphyre quartzifère, et le terrain ambigu que nous venons de signaler continue jusqu'un peu après le chemin de Reterre où apparaît le granite à mica noir un peu schisteux, traversé par de nombreux filons de porphyre quartzifère.

A Magnanon, on trouve encore le porphyre quartzifère ; de l'autre côté du ruisseau, ce porphyre se charge d'oligoclase et passe au porphyre granitoïde.

Un peu avant Rougnat, on observe un puissant filon de porphyre quartzifère dirigé N. N.-E.

Après Rougnat, on trouve de puissants filons de granulite avec du granite schisteux à deux micas.

Près d'Auzances, la route est empierrée avec du porphyre granitoïde.

*
* *

Le 3 juillet. — *D'Auzances à Charron et Château-sur-Cher, retour par Les Signolles, Les Mazeires, Lagarde, Le Peget, Rougnat, etc.*

On trouve le granite à mica noir jusque près des Courbes ; sur la hauteur, un poudingue à gros éléments ne paraît former qu'un lambeau sans importance. Cependant il reparaît après Les Courbes. A Charron apparaît le porphyre granitoïde qui forme, sur la rive droite du ruisseau, toute la hauteur de La Villatte. A partir de Charron, on trouve le porphyre granitoïde qui paraît passer au porphyre quartzifère. Celui-ci, en effet, dans le voisinage du porphyre granitoïde renferme beaucoup de quartz, peu de mica et du feldspath du 6me système qui ordinairement est le caractère du porphyre granitoïde.

Un peu après Les Ecurettes, on trouve un poudingue grossier

à ciment verdâtre coupé par le porphyre quartzifère et supportant des grès plus fins analogues aux grès porphyriques anthracifères signalés dans la Loire par M. Grüner. Ce grès est formé par une pâte de couleur sombre, au milieu de laquelle se distinguent des cristaux blanchâtres de feldspath strié.

Ce terrain dure jusqu'un peu après Champovergne où l'on trouve le porphyre quartzifère formant toute la hauteur jusqu'après Puy-Frenaud. Le porphyre quartzifère est, là, très compacte et quartzeux, présentant une grande dureté, avec une sorte de bigarrure rouge et verte. Il rappelle les roches signalées entre Chambon-sur-Voueize et Evaux.

A ce porphyre, succède un conglomérat renfermant des fragments de schistes verts. Il recouvre la colline sur laquelle est bâtie Château-sur-Cher. Près du château, se trouve un filon de quartz d'une certaine importance.

Au bas de Château-sur-Cher, roche schisteuse à grains verts qui paraît représenter les schistes cristallisés inférieurs.

Au milieu des Signolles commence à réapparaître le conglomérat avec fragments de schistes verts signalé près du château. Sur la hauteur, près des Signolles, on trouve un grès à ciment verdâtre.

Avant Lagarde, et aussi près de Fontaube, filons de porphyre quartzifère.

En face Chaumeix, poudingue auquel succède le porphyre quartzifère.

Au Peget, granite à mica noir renfermant des veinules verdâtres. Il est remarquable que cette sorte de granite se rencontre assez généralement dans le voisinage des roches de transition.

Le granite à mica noir accompagne ensuite jusqu'à Rougnat ; cependant près de Châteaubodeaux on rencontre un lambeau de poudingue.

Le 4 juillet. — *D'Auzances à Aubusson.*

En sortant d'Auzances, on trouve le granite à mica noir, quelquefois schisteux, le plus souvent décomposé et renfermant de petits cristaux hexagonaux recouverts d'un enduit micacé, d'une couleur vert sombre ; quelques-uns sont maclés parallèlement à la longueur. Ces cristaux me paraissent être de la pinite.

A peu de distance d'Auzances, on trouve un petit lambeau de poudingue à ciment verdâtre, analogue à celui qui accompagne les roches de transition.

Ce poudingue est fort net à l'étang de Neuvialle, mais il n'y forme qu'un lambeau fort restreint. Un peu avant le sommet, coté 641, le terrain de transition est plus développé ; il est formé de poudingues et de grès à ciment vert et est traversé par le porphyre quartzifère. Cette dernière roche est très développée un peu avant Vauchaussade et forme un filon N. 10° O.

On retrouve le poudingue en face le château de Vauchaussade.

Le porphyre quartzifère forme plusieurs filons très rapprochés entre Goudeleix et le moulin de Coudeau.

On retrouve le grès de transition à ciment verdâtre, un peu avant le ruisseau qui descend de Lupersat.

Filon de porphyre micacé compact au milieu du granite après la Taule.

Près de La Ribière, le porphyre quartzifère est très développé ; Bellegarde est sur le granite, mais le porphyre réapparaît au sortir de la ville et jusqu'à Montignat. La direction du filon, difficile d'ailleurs à constater, paraît être N. S.

Après Montignat, le granite à mica noir se poursuit sans aucune particularité remarquable jusqu'à l'embranchement de la route d'Aubusson à Clermont. On rencontre d'abord, vers ce point, un filon d'une roche porphyroïde verdâtre très décomposée contenant mica et oligoclase. Puis vient une sorte de brèche grossière liée par un ciment verdâtre peu abondant. Les fragments de la brèche sont empruntés à la roche granitoïde qui vient ensuite et qui est une sorte de granite grenu contenant en grande abondance des espèce d'amygdaloïdes d'une matière argileuse verdâtre et micacée. Cette matière devient ocreuse par décomposition ; la manière dont elle est dispersée dans la roche pourrait faire prendre celle-ci à première vue pour un poudingue. Je pense que c'est seulement un granite à petites parties analogue à celui que nous avons signalé sur les bords de la Voueize, près d'Evaux.

Cette roche accompagne jusqu'à Aubusson.

* *

Le 5 juillet. — *D'Aubusson à Bourganeuf.*

En partant d'Aubusson, on trouve le terrain déjà trouvé sur la route de Clermont.

Cette granulite à noyaux verdâtres se montre jusque près de Courcelle.

Un peu après l'embranchement de la route de Vallière, on trouve, au milieu de la granulite, un poudingue à ciment verdâtre avec un grès verdâtre contenant du feldspath strié. C'est un lambeau sans importance du terrain de transition (1).

Un peu avant Courcelle, on rencontre le granite à deux micas bien caractérisé ; il est à grands éléments, un peu schistoïde ; le quartz y est quelquefois cristallisé ; on en trouve même un échantillon qui présente les clivages rhomboédriques, fait minéralogique assez rare.

Vers le coude de la route coté 642, on trouve des gneiss en lambeaux et comme imprégnés de granite à deux micas dont les éléments forment des veinules, des noyaux entre les strates. C'est un fait que, du reste, nous avons eu plus d'une fois à constater à la limite des schistes et du granite à deux micas.

On trouve un autre lambeau de gneiss près du point coté 645 ; enfin un peu après Charbonnier, les gneiss sont bien caractérisés ; on observe, après La Pouge, l'orientation O. 20° N. Après La Pouge, et au coude de la route coté 597, on retrouve le granite à deux micas qui, là, est très schisteux ; il ne cesse qu'un peu avant Saint-Hilaire-le-Château. En cet endroit, le

---

(1) Ce sont des roches écrasées (mylonites). [G. M.].

gneiss réapparaît, et après le ruisseau, on observe des gneiss bien nets et dont l'orientation est N. 40° à 45° O.

Au milieu de ces gneiss se trouvent des veines d'un granite schistoïde très dur, contenant d'énormes cristaux de feldspath.

Cette roche granitoïde devient la roche prédominante et forme de gros blocs épars dans les champs.

A partir de Pontarion, l'obscurité s'oppose aux observations géologiques.

* *

Le 6 juillet. — *De Bourganeuf à La Chapelle-Saint-Martial.*

A partir de Bourganeuf, on trouve un gneiss granitoïde assez semblable au granite schisteux à grands cristaux de feldspath dont il a été parlé hier.

Entre le point coté 622 et l'embranchement de la route de Pontarion et de celle de Guéret, se trouve un filon d'eurite quartzifère compacte. La roche granitoïde schisteuse est traversée par une granulite à gros grains, une sorte de pegmatite contenant peu de mica, mais des grenats abondants et des grains d'une matière verdâtre foncée peu dure, rappelant celle que nous avons signalée dans la granulite de la Voueize ainsi que dans celle d'Aubusson.

On trouve également des filons d'une roche granitique un peu schisteuse à petits grains et à mica blanc; c'est un équivalent du granite à deux micas ou de la granulite.

Enfin quelques lambeaux de gneiss décomposé sont disséminés au milieu du terrain; l'un d'eux, vers le point coté 585, montre une schistosité dirigée N. E.

On retrouve, près de Pontarion, le granite schisteux à mica noir avec grands cristaux de feldspath.

Vers l'embranchement de la route de Sardent et peut-être un peu avant, on trouve des schistes décomposés au milieu desquels apparaissent des buttes granulitiques comme en face La Chaud.

En face La Tuilerie, on trouve le granite à mica noir, qui conduit jusqu'à La Chapelle-Saint-Martial.

Le 7 juillet. — *De La Chapelle-Saint-Martial à Bourganeuf, par Saint-Georges-la-Pouge, Charbonnier, Chavanat, Monteil-au-Vicomte, Saint-Pierre-le-Bost.*

En sortant de La Chapelle-Saint-Martial, on rencontre le granite à mica noir au milieu duquel on observe, près de Chauseau, un petit panneau schisteux. Le granite à mica noir continue, quoiqu'en devenant un peu schisteux et à petits grains, jusqu'à Saint-Georges-la-Pouge, où commencent à paraître des schistes bien caractérisés.

Dans la côte, entre Saint-Georges-la-Pouge et Charbonnier, les schistes sont traversés par de très nombreux filons de granite à mica blanc qui finissent par réduire les schistes en petits lambeaux et les faire disparaître entièrement. Près de Villemonteil, le granite à deux micas est bien caractérisé; interrompu par un petit lambeau schisteux vers le point coté 593, il cesse après Chavanat pour faire place aux schistes qui, au moulin Persat, sont remplacés par un granite schistoïde, de couleur très foncée, très micacé, passant, d'une part aux schistes, de l'autre aux granites à grands cristaux de feldspath de Pontarion, Royère, Gentioux, etc.

Ce terrain, traversé par de très nombreux filons de granulite grenatifère avec matière verte et de nombreux filons de granite à mica blanc à petits grains, accompagne jusqu'à Bourganeuf.

On trouve, notamment avant Lardiller, un puissant filon de granite à mica blanc. Depuis le ruisseau de Planchadaud jusqu'à Saint-Pierre-le-Bost, on trouve un panneau de micaschiste grenatifère.

La petite chaîne dirigée N. 15° O., qui domine Saint-Pierre-le-Bost à l'ouest, est formée par un puissant filon de granulite à grains assez gros, presque sans mica, avec grenats almadins et matière verdâtre serpentineuse; les rares lamelles de mica qui se trouvent dans la roche sont toujours brunes.

De Saint-Pierre-le-Bost à la route de Bourganeuf à Royère, le granite à mica blanc, à petits grains, devient de plus en plus abondant et c'est cette roche qui prédomine dans tout le reste du trajet jusqu'à Bourganeuf; ce n'est que de loin en loin que l'on rencontre le granite schisteux. Le granite à mica blanc contient des parties qui sont de véritables pegmatites avec gros cristaux d'orthose, de quartz et de mica blanc.

Vers le point 610, on rencontre un filon d'eurite quartzifère.

A l'angle de la route de Royère et de celle de Guéret, dans la ville même, on trouve un poudingue à noyaux et à ciment verdâtres (1) ; il appartient probablement au terrain de transition sur lequel doit reposer le terrain houiller.

Le 8 juillet. — De Bourganeuf à Guéret en voiture.

* *

Le 9 juillet. — *De Guéret à Chénérailles par Saint-Laurent, Bantardeix, Laboureix, La Grande-Balleyte, Gouges, Les Mazeires, Cressat, etc.*

Granite à mica noir jusqu'à Bantardeix.

Entre Saint-Laurent et la Creuse, filons de pegmatite très nombreux, très ramifiés, à grandes ou à petites parties ; les pegmatites à petites parties ou granulites contiennent du grenat et de la tourmaline. Il est difficile de vérifier la direction de ces filons ; on peut dire cependant que quelques-uns ont une direction N. E.

Dans la pente qui descend à la Creuse, et tout près de la rivière, le granite est traversé par des filons d'une sorte de pegmatite à assez grandes parties, renfermant peu de mica et du mica noir, avec d'abondants noyaux de cette matière verte serpentineuse dont nous avons si souvent parlé. Cette roche me paraît être identique, sauf l'absence des grenats, à la granulite de Saint-Pierre-le-Bost, des environs de Pontarion, etc. Au reste la matière verte se trouve dans le granite lui-même et, de l'autre côté de la Creuse, le granite en est fortement imprégné.

Entre Bantardeix et Laboureix, on trouve une roche granitoïde contenant deux feldspaths, l'un abondant, rosé, assez compacte et portant des stries nettes sur quelques

______

(1) Roches de granite écrasées (mylonites). [G. M.]

9

cristaux, un autre, beaucoup moins abondant, forme des lamelles blanches sur lesquelles on ne distingue pas de stries. La roche renferme, en outre, du mica vert très abondant et du quartz en quantité peu considérable. La roche est bien granitoïde, et c'est la seule raison qui, jointe peut-être aussi à la proportion un peu trop grande de quartz, peut séparer cette roche des porphyres granitoïdes.

Sur cette roche, se trouvent des lambeaux du terrain de transition, notamment avant et après Laboureix où on observe des poudingues, et entre Laboureix et La Grande-Balleyte où on observe des grès porphyriques bien caractérisés.

Entre La Grande-Balleyte et Les Mazeires, on trouve de la roche à feldspath rosé strié, dont j'ai parlé tout à l'heure.

Des Mazeires au chemin de grande communication d'Ahun à Jarnages, le terrain est couvert mais laisse voir de temps à autre des grès porphyriques.

Suit un terrain argileux récent, assez développé ; suit enfin, peu après le chemin d'Ahun, le granite à mica noir qui accompagne jusqu'à Chénérailles.

Le 10 juillet. — *De Chénérailles à Gouzon par Saint-Julien-le-Châtel, Saint-Loup-les-Landes, etc.*

Granite à mica noir à Saint-Julien-le-Châtel, à Saint-Loup-les-Landes. Près des Bussières, granite schisteux à mica vert avec feldspath strié. Terrain argileux et couvert jusqu'à Gouzon. On examine les carrières ouvertes près de Gouzon pour l'empierrement de la route.

L'une, celle qui se trouve le plus près de Gouzon, est ouverte dans une roche que nous avons déjà rattachée au porphyre granitoïde et qui en a, en effet, tous les caractères : structure compacte, feldspath peu lamelleux et strié, mica vert foncé, peu de quartz. L'autre carrière, au contraire, quoique située à deux cents ou trois cents mètres seulement de la première, est formée par une roche où le feldspath rosé, strié, est abondant, mais où le quartz n'est pas rare. Cette dernière roche ressemble beaucoup à celles que nous avons signalées dans notre excursion d'hier. Il ne serait donc pas impossible qu'on dût les rattacher au porphyre granitoïde malgré la proportion de quartz et l'aspect grenu.

Le 11 juillet. — Retour à Guéret. Des accès de fièvre répétés forcent d'interrompre les courses.

** **

Le 25 août. — *De Chambon à Gouzon par Puy-des-Auberges, La Borie, Le Faux, Villerange, Montarux, Huillat, Les Baraques, etc.*

En partant de Chambon, gneiss granitoïde à mica noir à gros grains, avec veinules de granulite; au haut de la côte, les gneiss sont beaucoup plus schisteux et passent au granite à petits grains avec matière verte des environs d'Aubusson. La direction est O. 20° N.

Le même terrain plus ou moins décomposé, dure jusqu'au bas du village de Villerange, où l'on trouve la grauwacke (grains feldspathiques, mica vert abondant et ciment verdâtre). La limite est cachée par l'argile un peu avant Montarux. Puis on ne trouve plus que l'argile qui, en quelques points, paraît être assez profonde.

Sur la route de Montluçon à Gouzon, la nuit empêche les observations.

** **

Le 26 août. — *De Gouzon à Évaux par La Tuilerie de la Garde, Les Portes, L'Age, Fleuraget, Les Barres, La Nouzière, Besse-Mathieu, Rièrette, Rière, Barbeyrat, Tuilerie de Bessegout, Les Terrades, La Bussière, etc.*

En partant, on trouve une argile sableuse qui dure sans interruption jusqu'aux Portes où l'on trouve le granite à mica noir bien caractérisé. Aux Barres, recommence l'argile sableuse; elle cesse un peu après le ruisseau de Poulinchoux et fait place à la grauwacke bien caractérisée, laquelle cesse au petit étang de La Nouzière pour reparaître un peu au Nord du village. Au-dessus de La Nouzière et à l'est, argile sableuse;

elle accompagne dans tout le parcours du chemin qu'occupe l'emplacement de la route départementale de Chambon à Aubusson.

Après Besse-Mathieu et à droite de la route, granite à mica noir, puis porphyre granitoïde.

Entre Rièrette et Rière, grauwacke.

C'est cette roche qui forme les côtes escarpées de la Tardes; elle paraît cesser un peu après le petit ruisseau qui se jette dans cette rivière (rive droite).

Avant Dol, sur le côté gauche de la route, porphyre quartzifère; ce porphyre ayant une apparence celluleuse et géodique se rencontre encore dans la côte dont le sommet est coté 448. Le porphyre s'arrête avant Barbeyrat; il fait place à la grauwacke et disparaît au point de croisement des chemins, après Barbeyrat; sur le faîte, une argile sableuse recouvre tout.

Entre la tuilerie et Les Terrades, argile sableuse au milieu de laquelle percent quelques crêtes de granulite.

Après La Bussière, réapparaît la grauwacke.

Dans le bois, se montre le porphyre quartzifère ou plutôt l'eurite quartzifère semblable à celle de la route de Chambon-sur-Voueize à Evaux.

Sur la route, grauwacke avec affleurements charbonneux et finissant avant la rivière.

∗
∗ ∗

Le 27 août. — *D'Evaux à Gouzon par la route de Sannat jusqu'au point coté 478; de là, par le bois d'Evaux jusqu'avant La Chaise, puis par le chemin de Sannat à Chambon, à Bord-Mangeaud, Léraget, Moulin-sur-Tardes, Les Gagneries, Les Farges, Les Bordes et la route de Chambon à Gouzon.*

Avant la rivière, granulite décomposée, puis gneiss granitoïde à grands éléments.

Après la rivière, mêmes roches d'abord, puis granite à petits grains à matière verte, puis granulite à mica vert.

Les terrains de transition commencent par un poudingue bréchiforme à fragments anguleux, revêtus d'une teinte ocreuse.

Le ciment argileux verdâtre devient plus abondant, la roche plus dure, la cassure franche plus aisée ; la teinte de la roche est plus foncée et l'on constate la présence du manganèse dans les fissures.

Au poudingue, succède un grès argileux vert plus ou moins foncé avec grains feldspathiques nombreux.

Puis, vient une argile noirâtre de 2 à 3 mètres d'épaisseur, à laquelle succède une roche compacte très feldspathique, contenant du mica vert clair peu abondant, et ayant une cassure nette difficile.

Poudingue, argile feldspathique gris clair, dont les noyaux sont entourés d'une couche ocreuse foncée ; les noyaux sont formés d'une pâte gris clair avec feldspath et mica verdâtre. Ils sont arrondis et assez gros (de la grosseur d'un œuf de pigeon).

Grès à pâte vert foncé avec enduit de manganèse noir.

Poudingue verdâtre.

Veinule d'argile noirâtre.

Poudingue à ciment verdâtre et à petit noyaux.

Roche formée d'une pâte foncée avec grains quartzeux et feldspathiques.

Roche compacte, vert bouteille, ayant une cassure luisante et satinée, avec veinules spathiques, analogue à celle qui est en relation avec le calcaire du Chat-Cros (près le premier chemin du bois).

Grès argileux verdâtre.

Argile noirâtre.

Grès compacte feldspathique ocreux.

Argile noirâtre, affleurements de trois à quatre mètres.

Grès poudingue avec ciment verdâtre.

Différentes petites veinules noirâtres.

Roche argileuse grise.

Veinules noirâtres de 0,75 à un mètre.

Roche grise ocreuse contenant du feldspath et une matière verte très tendre.

Filon d'eurite quartzeuse verdâtre, compacte, analogue à celle d'Evaux ; le filon a dix à douze mètres de largeur.

Grès vert foncé en lambeaux pénétrés par l'eurite.

Roche porphyrique à mica verdâtre avec petits grains quartzeux cristallisés et veinules de matière vert clair dure.

Eurite quartzeuse.

Roche dure avec mica vert stéatiteux, feldspathique, vert d'huile et structure porphyrique.

Eurite quartzeuse.

Roche porphyrique précédente.

Eurite quartzeuse (second chemin du bois).

Dans le bois d'Evaux, on trouve d'abord le porphyre quartzifère qui fait place avant la fin de la lisière du bois au granite schisteux à mica noir avec veinules de matière argileuse dure vert clair.

Argile sableuse avec brèche à ciment ferrugineux *(pain de loup)* sur le chemin de Sannat.

Avant le ruisseau de Courbanges, roches diverses rappelant les rochers de transition ; ce sont d'abord une roche se brisant en fragments pseudo-réguliers, ocreuse dans les fentes et renfermant des grains de quartz laiteux, ensuite une roche renfermant un mica vert stéatiteux et un feldspath huileux ; au milieu se trouve un filon d'une roche noire compacte et dure.

Le terrain se continue de l'autre côté du ruisseau et fait bientôt place au porphyre quartzifère.

Argile sableuse sur le plateau.

Au ruisseau de Villemoleix, porphyre quartzifère.

Un peu après l'Arbre de Villemoleix, roche schisteuse des bains d'Evaux, dirigée E. 20° N.

Puis porphyre quartzifère jusqu'à Chambon-sur-Voueize.

Dans la côte de la route de Gouzon, en sortant de Chambon, porphyre quartzifère, puis terrain de transition avec veines d'argile noirâtre ; une surtout, assez puissante, est dirigée E. O.

En se dirigeant vers Léraget on trouve presque immédiatement après avoir quitté la route, le terrain schisteux des bains d'Evaux, passant au gneiss granitoïde.

A Léraget, granulite.

De la route à la Tardes, porphyre quartzifère grenu à grains verts et rouges quand il est décomposé, vert tendre et compacte quand il ne l'est pas.

Aux Gagneries, manteau argileux assez profond.

Porphyre quartzifère avant la Voueize.

En face Maurissart, lambeau du terrain de transition, puis porphyre quartzifère.

Argile sableuse jusqu'en face Les Farges, là terrain de transition avec argile noirâtre.

En revenant, sur la route, manteau argileux.

Le 28 août. — *De Gouzon à Chambon-sur-Voueize par Réville, Haute-Rive, Grande-Chaux, Petite-Chaux, Pont de Bredeix, Lussat et la route.*

Argile jusque près du sommet du Puy-Haut.

Au faîte, porphyre quartzifère accusé par les débris qui jonchent le sol, mais nulle part complètement à nu.

A Haute-Rive, gneiss O. 25° N.

Près La Haute-Chaux, deux excavations et un puits qui ont été creusés pour la recherche du combustible. Ces recherches ont été faites dans le terrain de transition marqué par des grès verts argileux. Le combustible se trouve sous la forme de plombagine en rognons luisants et tachant les doigts ; il est disséminé dans une espèce d'eurite quartzifère verdâtre avec du quartz et des matières ferrugineuses. Il semble que le combustible se trouve plutôt dans un filon qu'en couches réglées.

Le terrain de transition dure jusqu'à Lussat.

Au-delà de Lussat, on rencontre le granite à mica noir.

Au ruisseau de La Viergne, roche argileuse verdâtre en relation avec du porphyre granitoïde.

A Saint-Sornin, porphyre quartzifère grenu.

* *

Le 29 août. — *De Chambon-sur-Voueize à Gouzon par Lépaud, Nouhant, Bellefaye, Sornous, Bornet, Trois-Fonds.*

Gneiss bien caractérisé jusqu'après Bellefaye.

Près du château du Clos, granite à petits grains à mica noir, en filon au milieu du gneiss.

Dans la cour du domaine, fragments de serpentine dont le lieu d'origine est inconnu.

Peu après le château, roche amphibolique avec mica noir en gros blocs épars dans les champs.

Entre Nouhant et Chaud, roches amphiboliques.

On suit ensuite et l'on note sur la carte la limite entre le granite à mica noir à grands cristaux de feldspath (granite de Soumans et de Lusignat) et des schistes.

* *

Le 30 août. — *De Gouzon à La Celle-sous-Gouzon, Grande et Petite-Vareine, Moulin de la Forêt, Chantemergue, route de Domeyrot à Parsac, Parsac-La-Marche et retour à Gouzon.*

De Gouzon à La Celle-sous-Gouzon, argile avec petit pointement de terrain de transition à Tiolet. Porphyre à Grande et à Petite-Vareine, à Circonstance et presque jusqu'à Chantegrue où l'on rencontre le gneiss.

Au moulin de La Forêt, dans l'excavation formée par le déversoir, on voit une belle coupe de terrain de transition ; il est formé par du grès anthracifère porphyrique, des poudingues avec galets de grès anthracifère, des grès schisteux avec empreintes charbonneuses ; le terrain est pénétré par des veines de porphyre quartzifère.

De l'autre côté du moulin, on voit une coupe du terrain tertiaire formé, à la partie supérieure, d'une couche de cinquante à soixante centimètres d'argile grise avec gros fragments de quartz et de porphyre quartzifère; puis, au-dessous, d'un banc puissant d'argile vert tendre avec grains de quartz et de feldspath de la grosseur d'un haricot.

A Chantemergue, terrain de transition avec schistes ardoisiers.

Terrain de transition au point coté 417, de la route de Domeyrot à Parsac.

Granite à mica noir avant Jarnagette.

Roche compacte rouge (eurite quartzifère) sur le chemin de Jarnagette à Parsac.

Près Parsac, roche avec feldspath vert d'huile à mica vert.

Au point coté 413 sur la route de Guéret, granite à mica noir.

A La Marche, roche granitoïde un peu schisteuse, avec feldspath rosé et paquet de mica verdâtre.

Granite à mica noir assez bien caractérisé, pénétré par le porphyre en face Jardon.

Le terrain de transition, caractérisé par des grès feldspathiques à mica vert ne commence que plus haut.

* * *

Le 31 août. — *De Gouzon à Aubusson*.

De Gouzon aux Peyroux, manteau argileux qui dérobe les couches sous-jacentes.

Des Peyroux à Peyroux-Vieux, roches ambiguës, se brisant en fragments pseudo-réguliers renfermant du feldspath vert d'huile, strié, et du mica vert; peut-être doit-on les rapprocher des porphyres granitoïdes.

A Peyroux-Vieux, commence le granite à mica noir qui ne cesse que tout près d'Aubusson, avant l'embranchement de la route de Chambon-sur-Voueize, et pour faire place à la granulite d'Aubusson. Tout près d'Aubusson, et dans le faubourg, une carrière est ouverte dans le porphyre granitoïde bien caractérisé.

Le 1er septembre. — Retour à Guéret par la voiture publique.

Saint-Etienne, le 15 Juin 1861.

L'Ingénieur des Mines,
Signé : E. MALLARD.

TABLE

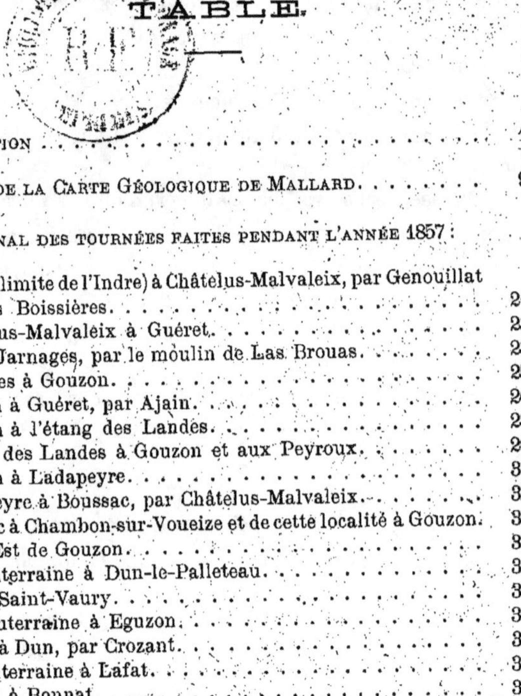

Journal des observations géologiques faites pendant
le courant de l'année 1858 :